Naya Despradel

Recorriendo la vida
Memorias de Naya Despradel

argos

PRIMERA EDICIÓN
ARGOS, septiembre 2024

Naya Despradel
Recorriendo la vida. Memorias de Naya Despradel

ISBN: 979-8339-477-04-4

Editorial Argos
Santo Domingo, República Dominicana
Teléfono: (809) 482 4700
email: libros@mail.com

Diagramación: Genesis Pérez

Edición al cuidado de la autora, Rocío Abreu y Fernando Infante.

Queda hecho el depósito que previene la ley sobre derecho de autor.
Los libros publicados por Editorial argos están impresos en la
República Dominicana en papel libre de ácidos, y su proceso de
impresión cumple con las exigencias requeridas por las asociaciones de
bibliotecas norteamericanas y europeas para garantizar su permanencia
y durabilidad.

Contenido

Dedicatoria

A mis nietos

César Eduardo Abreu de Láncer
Carlos Raúl Abreu de Láncer
José Abraham de Láncer Cruz
Rafael Eduardo de Láncer Cruz
Mario José de Láncer Báez

Presentación

La migración árabe hacia nuestro país comenzó a tomar auge desde la última década del 1800, y para principio del nuevo siglo ya es un conglomerado social con una viva presencia ubicado en distintos lugares del país. Una muestra simpática de esa insertación lo fue un hecho que ocurrió en el año 1909, con motivo de las fiestas de carnaval iniciadas por el Club Unión, cuando fueron postuladas para reina de ese evento dos damas de la capital. Las señoritas Carmela Pumarol, dominicana y Amanda Azar de la numerosa colonia siria. Fue tal el entusiasmo de los bandos simpatizantes de ambas que en un momento se llegó a temer una confrontación y el presidente Cáceres tuvo que intervenir salomónicamente para que se decidiera escoger a las dos, lo que causó un gran entusiasmo en los bandos simpatizantes de cada una.

Este conglomerado migratorio, cada vez más creciente, con gran laboriosidad se dedicó al quehacer laboral con pequeños comerciantes y mercaderes en las zonas de la industria cañera y así comenzaría a afincar sus raíces de forma definitiva en el país con gran vocación y espíritu de trabajo, como casi siempre sucede con las poblaciones migratorias. Esa característica unida a la sencillez de esos pioneros llevaría a su descendencia en el correr del tiempo a ser parte distintiva de la vida nacional, en muchos aspectos de forma destacada y en las más variadas expresiones de su diverso quehacer.

Naya Despradel es una apreciada muestra que nos ha aportado la migración árabe, quien ha decidido escribir este libro "Recorriendo la vida" en el cual deja asomar con atractivo matiz, en ese gran manojo de recuerdos en que describe de manera minuciosa desde sus más tempranas vivencias, aquella hermosa y firme carrera de vida con el telón de fondo de profundos vínculos familiares, donde la solidaridad y la calidez de la convivencia humana está en íntima cercanía talvez como trazos de costumbres vinculantes como en aquellos primeros tiempos que llevaron a sus ascendentes a convivir de forma comunitaria, además de ofrecerles la seguridad que también fortalecía sus lazos familiares.

Estas andanzas por los recuerdos de su vida que Naya nos ofrece, escritos con la noble sencillez propia de su personalidad, es una colorida ofrenda de calidez y sensibilidad, no solo a su familia Despradel Dájer, de cuya tradición de altos valores y crecimiento humano Naya ha tenido una profunda adherencia en el más elevado sentido. También creemos que, no solo una honra a su familia, sino que, además de ejemplo de bien ser y crecimiento humano, trasciende como tributo hacia ese gran e importante núcleo de igual descendencia a la suya que, de seguro, al conocer esta relación de recuerdos y nostalgias, verán en ellas similitudes de vivencias y conductas, entereza familiar, tradición y cultura propias.

En fin, a todos nos aporta en alguna medida este esfuerzo memorioso de Naya, que nos deja entrever breves rastros de los lugares en que desarrolló su vida, particularmente en su niñez y juventud, de manera especial en la comunidad de La Vega, entonces con el dulce encanto que le daba su ingenuidad bucólica tan emotivamente descrita por Naya, cuando desde niña y adolescente solía pasar sus vacaciones escolares en aquella pequeña colectividad y allí pudo conocer los personajes y sucesos a los que hace referencia.

Entre esos personajes uno lo es su bisabuelo, San Julián Despradel, aquel anciano, figura con devoto arraigo en todo el conglomerado vegano por su conocida vida de ciudadano de bien y su entrega fiel desde el primer momento a la lucha por la causa Restauradora de la república contra España.

De ese robusto árbol de cuyas fuertes ramas surgen los Despradel Brache, a quien Naya, conoció cuando ese patriarca contaba más de cien años de edad y le pareció una figura imponente, tal vez abrumada ante su legendaria presencia por haber oído desde su infancia acerca de *"ese venerable anciano de quien la Patria debe sentirse orgullosa, jamás reclamó sus derechos como soldado de la Guerra de Restauración, pues él fue uno de los héroes de la inolvidable noche del 26 de agosto de 1863"*.

Gracias Naya por desprenderte de esos retazos de tu alma para compartirlos en esta emotiva y sentida descripción de tu camino por la vida tachonada de logros.

Fernando Infante

De los nietos

Recorriendo la vida es la autobiografía de Naya M. Despradel Dájer de de Láncer a quien, un pequeño grupo de cinco individuos (entre esos mi persona) llamamos cariñosa y exclusivamente "Abuela" y que muchos otros conocen mejor como Doña Naya. Puedo asegurar a quien lee que a pesar de sus 82 años de edad mientras escribo, no es ni remotamente la típica abuelita. Fiel devota al trabajo y amante a la tecnología, inscrita en la universidad por tercera vez, en esta ocasión en la carrera de psicología faltándole solo la tesis y unas cuantas materias más, por el mero hecho de no creer en la jubilación o retiro en su totalidad. Con un Iphone Xr y un asistente virtual Alexa instalado en su habitación, reitero, su figura se aleja de lo que probablemente llega a la mente cuando se menciona la palabra "Abuela".

El escrito gira en torno a sus familiares y seres queridos, descripciones de estos personajes, cómo era su relación con ellos y anécdotas de todo tipo que van desde el extremo de la felicidad hasta su contraparte la tragedia. Todo centrado en la importancia de la familia y aún más en el conocer la historia detrás de los apellidos de una persona. Estas anécdotas se desarrollan en distintas partes de la República Dominicana y en distintas épocas que van desde la década de los 40's hasta años más cercanos ya entrado el siglo XXI.

Naya es una avezada investigadora dominicana por lo que los sucesos que narra los acompaña de data histórica muy interesante, procesos cotidianos del día a día de un hogar, aparición del televisor y la nevera en las casas, cartas de familiares con información genealógica, historia de instituciones, comercios y productos, participación de familiares en hechos históricos de relevancia como la Era de Trujillo y la Restauración, por mencionar algunos. Es también madre de dos hijos y abuela de cinco nietos, luego de que en varias ocasiones preguntáramos por experiencias de su vida, nuestro origen familiar, entre otros temas, decide escribir al respecto haciendo uso de su increíble memoria.

Esta obra es una demostración de amor a la familia y evidencia de cada etapa en la vida de una persona.

¡Gracias, Abuela por responder a mi curiosidad!

César Eduardo Abreu,
nieto

Escrito para Abuela – Recorriendo la Vida

"Carlos, yo siempre estoy bien" …esa es la frase con la que mi abuela Naya siempre responde a un "Cómo estas?" … Aunque parezca una respuesta simple, para mí encierra una profunda filosofía de vida que me llama la atención.

Si tuviera que describir a mi abuela Naya con una sola palabra, sería "Filósofa", por el significado etimológico de "amor a la sabiduría", y así la veo a ella, como una persona llena de amor y profundamente enamorada del conocimiento.

He aprendido muchas cosas con ella, pues es una persona con mucho para enseñar, pero lo que mas me ha marcado es ver lo bonito en lo sencillo, vivir plenamente con lo que se tiene y apreciar la abundancia en lo poco.

Creo que casi todos coincidirían en que cuando se menciona la palabra "abuela" se piensa en recetas de cocina, dulces, y cosas por el estilo, pero cuando yo escucho esa palabra, tiene una connotación mucho mas amplia, porque pienso en superación, disciplina, dedicación, excelencia, apoyo, ejemplo, rigor, trabajo, entrega, amabilidad y un constante amor… amor por la familia, por el trabajo y por la vida.

Estoy ansioso por leer el recorrido de tu vida que escribiste para nosotros.

¡Te quiero y te amo!
Tu nieto, Carlos

Recorriendo la vida es otro más de los logros de quien muchos llaman Naya Despradel, pero en mi caso la llamo "Abuela". ¿Quién es Naya? Mejor aún, ¿Quién es Abuela?

Ella es el/la (eje, motor, zapata, corazón, tronco, imán) de la familia, la que siempre ha querido que nos reunamos los sábados para ponernos al día, la que si necesitas información lo sabe todo, una persona dedicada al estudio, a su familia y a la recopilación de historias para siempre estar actualizada.

Quien me escucha hablar de mi abuela, cree que estoy hablando de una "viejita", pero a su avanzada edad está más al tanto tecnológicamente hablando que muchos. Para mí esto es inspiración y lección de que la edad no tiene limitaciones. Hoy día está cursando su tercera carrera universitaria, estudiar es algo que a ella le encanta.

Son tantas cosas que puedo decir de mi abuela, que pudiera también escribir un libro de historias anécdotas y cuentos de ella. ¡Gracias abuela por siempre enseñarme lo que está bien y lo que está mal, muchas veces no entendía el porqué de tus "boches", pero hoy los entiendo todos y parte de mí, es quien es, gracias a ti!

Te quiero mucho
Tu nieto más alto y chef favorito José Abraham

———

. . . .

Después de mucho vivir y observar lo que nos rodea, te das cuenta de que la instauración de un compás moral a tan temprana edad no es la norma. Nunca ha habido una distinción tan clara en mi vida de lo que es justo y correcto, como la que mi abuela le ha instaurado a toda la familia. Dichos valores que mi abuela parece verter por sus poros como la escritura más sagrada. La justicia, la moral, y la ética, son todos conceptos que nos ayudan a atravesar las adversidades con la armonía interna de estar haciendo el bien, de ser un buen ciudadano dentro de un colectivo, una persona considerada, o simplemente un buen humano. Pero estos conceptos sin amor serían solo conceptos, y ahí es donde entra mi abuela, por su pasión hacia la vida en retrospectiva y expectativa, sabiendo que solo se puede ir adelante conociendo lo que hay detrás. Utilizando la familia como el lente hacia el pasado, asegurando su futuro en las mentes que ha logrado tocar con su sabiduría.

Conocí a mi abuela hace 25 años, y no habrá un día donde terminen historias por contar. De ella, de la familia, o de la nación dominicana. Gracias abuela por enseñarme tanto a través de los años.

Rafael De Lancer,
nieto

Hay una persona especial que siempre ha estado presente, aunque no siempre físicamente. Esa persona es abuela, una mujer sabia y amorosa que ha sido un faro de cariño y consejo, no solo para mí, sino también para la familia. Desde que era un niño, mi abuela no fue una de las figuras más constantes en mi vida. Las veces que la visitaba eran buenos ratos en que me contaba de la familia o jugábamos diferentes juegos de mesa, y cada vez que me veía en aprietos o en duda, siempre me aconsejaba y siempre se preocupó de que fuera un niño bastante educado, como cuando me repetía que tenía que aprender a usar cuchillo y tenedor.

Sin embargo, a medida que crecía, la constancia de mis visitas fue disminuyendo por la falta de tiempo, paso de ser una vez cada una o dos semanas, a ser meses.

Las responsabilidades escolares, las actividades extracurriculares y la creciente presión social, fueron de las principales causas de esto. Los días pasaban, aunque siempre tenía en mente a abuela, al pasar el tiempo empecé a notar que estaba envejeciendo y sentía que no le daba la atención que merece.

Sin embargo, el amor y el respeto hacia ella nunca disminuyen. En los momentos de reflexión, me di cuenta del valor de las lecciones que abuela me ha enseñado a lo largo de los años y del profundo vínculo que comparto, incluso a través de la distancia física.

Con los años, me di cuenta de la importancia de pasar tiempo de calidad con abuela. Decidí hacer un esfuerzo consciente para visitarla más a menudo y aprovechar al máximo los preciosos momentos juntos. Teniendo fe en encontrar consuelo y orientación en la sabiduría de abuela, como en los viejos tiempos, renovando así su aprecio por un vínculo especial.

Aunque la vida puede ser agitada y los compromisos numerosos, el amor y el cariño de una abuela siempre permanecen inquebrantables. Aprendí que, aunque el tiempo pueda ser fugaz, el amor y el afecto hacia los seres queridos nunca deben ser descuidados.

Mario José De Láncer,
nieto

Introducción

Estos escritos son el recuento de mis experiencias de vida. Puedo omitir un nombre, equivocarme en otro, citar una fecha que no es la correcta. Para los fines de estas páginas, eso no tiene importancia. Trato de reseñar las relaciones familiares, los valores aprendidos, las costumbres de mi familia, los usos de la sociedad a través de mis experiencias personales y son una invitación para que los lectores, que así lo deseen, hagan comentarios sobre lo escrito por mí o de sus propias experiencias.

He tenido una vida feliz, con muchos momentos hermosos, otros muy dolorosos, pero todos han dejado en mí una huella de agradecimiento por todo lo que he tenido y por lo que no he tenido. De todos los momentos vividos he obtenido enseñanzas valiosas, recuerdos que han llenado mi vida, y quiero compartirlos para que, si es posible, otros se animen a contar los suyos y enriquezcan nuestra historia familiar y que en fin de cuentas es la del país.

Sí aspiro que las contribuciones sean positivas. Que dejen una enseñanza aleccionadora, que transmitan las bellezas de la vida, aun en los momentos más tristes. Que sea posible que perdonemos, que nos perdonen si hemos ofendido a alguien, que entendamos que el perdón significa olvido, aunque no necesariamente que dejemos de pensar en alguien que de alguna manera nos haya hecho sentir mal en alguna ocasión. Que olvido quiere decir que no guardamos rencor, que no tenemos resentimientos. Pienso que el rencor solamente nos hace daño a nosotros mismos. Que aprendamos a levantarnos cuando atravesamos situaciones adversas. Que entendamos que la vida es una y que hay que apreciar, y resaltar, todas las cosas bellas que nos rodean.

No trato de ser fiel a la historia. Trato de ser fiel a mis recuerdos, que agradezco a mis nietos que constantemente me hacen preguntas de nuestros familiares para tener una historia de sus antepasados... y no se burlan de mis cuentos...

Así que he tratado de volcar en estas líneas las historias que les he hecho verbalmente, para recordárselas y que las tengan presentes cuando quieran repasarlas.

Éste es un libro de recuerdos personales, no son producto de una investigación, así que, pido perdón por si hay una fecha equivocada, o dejo de mencionar algo o a alguien que debiera incluir.

Para terminar esta introducción viene a mi memoria la frase de que siempre recordamos a las personas que nos hicieron felices (alguien dijo).

Calle Mercedes. 1946-1948

28 de julio de 2014. Día del cumpleaños de mi mamá

Los recuerdos de mi vida empiezan en la calle Mercedes. Sé que nací en la calle Imbert, Ciudad Trujillo, hoy Santo Domingo, el 10 de octubre de 1940, según me lo han contado, y tengo algunas fotos mías en esa calle, pero no tengo ninguna vivencia de la misma.

Buscando información de ese día, he podido comprobar que estábamos en plena Segunda Guerra Mundial, y que las noticias internacionales señalaban "ataques" a Londres, que Italia amenazaba a Yugoslavia, que Roosevelt tomaba medidas nombrando nuevos funcionarios, que a Grecia le cortaban suministros de petróleo. En República Dominicana, días antes de mi nacimiento, 24 de septiembre, se firmó el Tratado Trujillo-Hull. (Este tratado estableció que a partir de su firma, el 25 de septiembre de 1940, las aduanas y todas sus oficinas volvían a formar parte de la administración de la República Dominicana que habían estado intervenidas por los norteamericanos desde décadas antes. El acuerdo dio firmes pasos hacia el saneamiento de la deuda externa dominicana).

Viví en la calle Mercedes con mis abuelos maternos, Santiago Dájer y Maddul Schéker de Dájer, ambos libaneses que llegaron a República Dominicana en los albores del siglo XX, supongo que 1908, por la fecha de nacimiento de su primera hija, que ocurrió en 1910. Se conocieron aquí, se casaron aquí, y tuvieron sus hijos aquí.

Según datos que tengo, mi abuelo se llamaba Chicri, o Shikre, o Shukre, Santiago, Yoyo para los nietos, nació en Pteter, Líbano, en 1890. Él contaba que antes de llegar a República Dominicana había pasado por Cuba y había dejado allá un hijo… Él tenía 12 años cuando pasó por Cuba… Mi abuelo había perdido la visión de un ojo por una espiga de trigo que se le clavó en su tierra mientras era un niño.

Mi abuela, Maddul Schéker Jettin (Khater) nació también en Pteter, Líbano, el 1 de enero de 1886. Como no se sabía el día exacto de su nacimiento, mi abuelo Santiago decía que él había nacido un 24 de diciembre. Nosotros decíamos que era para hacer juego con la fecha de cumpleaños de mi abuela. Nunca le celebramos un cumpleaños al abuelo, aunque sí a la abuela. Ella tenía una cicatriz en la cara, no se notaba mucho, y una enorme en el vientre. Cuando niña, en "su tierra", como siempre llamaron a su patria, se había caído en una hoguera que hacían en el suelo en las casas para calentarse y para cocinar. Aún con este vientre disminuido, tuvo siete hijos. Los siete aquí indicados y no recuerdo si habría habido alguna pérdida, no viene a mi memoria, por el momento de que se haya hablado de otro tío fallecido.

El abuelo, Yoyo, era muy elegante. Delgado, buen porte, a pesar de que era cojo de la pierna derecha. Le habían dado un balazo, según las historias que yo escuchaba y nunca le habían sacado la bala. Ahora pienso que nunca me preocupé de averiguar dónde había sido el balazo, pero supongo que fue aquí, en República Dominicana, porque salió de su tierra a los 12 años, cuando pasó por Cuba.

Cuando salía, por supuesto, a pies, le encantaba ir a la calle El Conde, al Parque Independencia y a un restaurant de chinos que había en la misma calle Mercedes, más al oeste de donde vivíamos, que se llama el "1 y 5". Usaba un bastón con mango de plata que yo conservo. Aprendió muy bien el español y lo leía y lo escribía muy bien. Era un gran lector. Culto. Incluso, cuando tío Salvador, ya ingeniero, tenía alguna construcción, Yoyo, el abuelo Santiago, era su maestro de la obra, y he visto, aunque no se conservan, libretas escritas por él en las que detallaba los materiales a comprar. Dicen que era medio cascarrabias y que muchas veces se disgustaba con un cliente que no quería pagar el precio que se le solicitaba por la vulcanización de una goma, oficio del que vivía, y que tío Miguel, aún siendo un niño, se acercaba al cliente y las vulcanizaba para tener una entrada con qué alimentar a sus hermanos. Así aprendió tío Miguel a trabajar y contribuir al sustento de la casa desde muy temprana edad.

La abuela Maddul, Yeyé, era una fajadora. El abuelo Yoyo no producía mucho con la vulcanización de gomas, y las historias cuentan que cuando vivían en la calle Imbert, relativamente cerca del Mercado Modelo, Yeyé les hacía enaguas a las marchantas que llevaban sus productos para vender. Dicen que la abuela les decía "siéntate ahí" y en media hora les entregaba la ropa. Nunca aprendió a hablar el español muy claramente y no aprendió ni a leer ni escribir. Yeyé era pequeña, ya de edad avanzada, pesaba 80 libras, y medía menos de cinco pies de altura. Con todo, era la "jefa". Se hacía lo que ella decía y no había discusión, ni siquiera para el abuelo Yoyo. Todos los hijos la veneraban, por encima del abuelo, a quien también querían, pero no como a la abuela. ¿Se lo ganó?

El idioma en la casa era el español, aun entre los abuelos, excepto cuando se peleaban, que se comunicaban (¿o descomunicaban?) en árabe. De esos pleitos recuerdo la expresión "alajandine cudine", que hasta ahora no sé lo que significa. Los abuelos estaban tan preocupados por insertarse en la sociedad dominicana, que nunca se ocuparon de enseñarles árabe a sus hijos. Por supuesto, menos a los nietos, aunque sí nos enseñaron la comida árabe de lo cual hablaré en otro capítulo, puesto que no corresponde a la calle Mercedes. Pero también se decía "jabibi", "atini bausi", "atini cajue", "kifa kinti", "laftin", "sastain" "shaja", que querían decir, respectivamente, mi querida, dame un beso, dame café, saludo, mierda, buen provecho y salud.

Yoyo era color aceituno, ojos negros. Parecía curtido por el desierto, lo que no debe ser así puesto que salió de su tierra todavía un niño. La abuela Yeyé era rubia, de ojos azules.

Sus hijos fueron Badía (Altagracia), que nació en el 9 de noviembre de 1910; Consuelo, mi mamá, que nació en 1912, y hasta el día de su muerte se quitaba los años (siempre estuvo inconforme porque su segundo nombre era Santiago); Miguel Antonio (1914); Salvador Bienvenido (1918); Joaquín Antonio (1922) y Carmen Georgina (1924). También tuvieron a Najib, que yo no conocí, porque murió de tétano mucho antes de yo nacer. Supongo que nació en 1916, porque todos los Dájer Schéker nacieron cada dos años. Najib Dájer fue siempre recordado y el Día de Difuntos era una visita obligada al cementerio de la Avenida Independencia. Incluso hay una foto familiar ante su tumba. Mis abuelos criaron a los sobrinos de mi abuela, los Schéker Hane, José y Luis, cuya madre, María Hane, había muerto al nacer tío Luis. Nacieron a principios del siglo XX, cuando mi abuela Maddul (Yeyé), no se había casado y los crió como sus hijos.

A José no lo conocí porque murió ahogado en los años 20, y tío Luis fue siempre un tío igual que los Dájer.

Los abuelos eran cristianos, (¿maronitas?) devotos de San Jorge.

Yo vivía con mis abuelos durante 1942 y 1943 porque mi papá, Luis Antonio Despradel Brache, y mi mamá, Consuelo Dájer de Despradel, vivían en Dajabón. Mi papá era médico, y durante el gobierno de Trujillo existía lo que se llamaba médico sanitario, que era el encargado de la salud pública de los pueblos, como fumigar con DDT para que no hubiera mosquitos, asegurarse de que se recolectara la basura adecuadamente, de que las prostitutas tuvieran un carnet que certificara que estaban sanas y otras funciones de salud que no recuerdo. Creo que el gobierno repartía leche a las personas de escasos recursos, y el médico sanitario debía ocuparse de que no la adulteraran con agua. Después de estos años, siempre estaba de visita en casa de los abuelos maternos.

Pues bien, viviendo yo en Dajabón con mis padres, (yo tendría 3 años), me dio una infección intestinal muy grave, dicen que a consecuencias de un salchichón que me comí, y mi papá no conseguía curarme. Parece que efectivamente habrá sido un salchichón el causante de mi malestar, porque por el resto de su vida, y vivió hasta 1990, mi tío Héctor Sánchez Morcelo me llamó "Salchichón".

Tío Héctor era el esposo de mi tía Bernarda Despradel, hermana de mi papá, mejor conocida como Naya, apodo que le había puesto mi papá cuando era un niño pequeño, el que sirvió para mi nombre. Tío Héctor y tía Naya vivían también en Dajabón, y de ahí que conocieran de mi indisposición de primera mano.

En Dajabón vivía Anselmo Paulino, personaje de la historia dominicana que todos conocen, amigo de mis padres, y él consiguió que Danilo Trujillo, militar, me trajera con mi mamá a la capital en un camión del ejército. Eran tiempos de guerra y no había gomas para vehículos ni gasolina, por lo que no existía transporte público y mucho menos que una persona tuviera un carro privado.

Llegué a Ciudad Trujillo, a la calle Mercedes con mis abuelos, y me pusieron en manos del doctor, pediatra, Sixto Incháustegui. Todo esto lo cuento porque me lo contaron…

no lo recuerdo. Pues bien, Sixto logró detener la infección. Era amigo de la casa, y la visitaba con frecuencia. Sí recuerdo que cuando él llegaba yo salía corriendo y me escondía, hasta que ya mayor pienso que lo hacía porque a lo mejor Sixto me había puesto algunas inyecciones o me había puesto un suero o me había pinchado para hacerme exámenes de laboratorio, y me quedé siempre con el temor de que esa situación se repitiera.

Éste es un bosquejo de la casa de la Calle Mercedes. No estoy segura del número, pero tengo un 95 en la cabeza.

Muralla		
Carbonera		

Patio	Terraza	Cocina
		Habitación
		Habitación
		Habitación
	Aljibe	Hab. tía Cucha y tío Miguel
Baño	Comedor	Sala
Zaguán (entrada de la casa en casas coloniales)	Sala	

En esos años, todos los tíos Dájer Schéker eran solteros, excepto el tío Miguel que ya se había casado con la tía Cucha (Angela Piñeyro de Dájer). Recuerdo que siempre contaban que se habían casado y vivían en la calle Imbert, con los Dájer Schéker, en una casa muy modesta, con pocos lujos, y que tía Cucha, que era una persona con un gusto artístico muy desarrollado, amante de la belleza, había puesto un precioso mosquitero de marquisette con aplicaciones de raso.

La tía Badía había empezado a estudiar medicina, según contaba ella misma, no lo recuerdo, y dejó los estudios cuando empezó a ver cadáveres. No lo soportó. La tía Badía, entonces, era la encargada del orden de la casa. Que yo recuerde, no había personal de servicio, excepto por Pin, que trabajó muchos años con mi abuela Maddul, cuidando los niños y tuvo relaciones con la casa hasta muy avanzada edad.

En esa casa, por lo menos al principio, además de los tíos, vivía la prima Xiomara, hija de tío Miguel y de tía Cucha, que también había nacido en la calle Imbert, un año menor que yo. Luego nacieron la prima Miguelina, hermana de Xiomara, y mis hermanos Luis Antonio y Chello (Consuelo del Carmen). Vivíamos todos en la enorme casa que ocupábamos. Xiomara pasaba los fines de semana con sus abuelos maternos, don Pedro Piñeyro y doña Catín Senises, y cuando hacía frío, le ponían un abriguito de los que se usan en Estados Unidos, que supongo se lo había enviado una hermana de tía Cucha, la tía Cachón, que vivía en Nueva York.

A todos, en tiempos de frío, nos ponían una suerita (palabra introducida por la tía Cucha), que después aprendí que era la castellanización y diminutivo de "sweater".

La casa tenía cuatro o cinco habitaciones, sala, comedor, zaguán, cocina, baño con ducha, todo alrededor de un enorme patio, al fondo del cual, como era la costumbre, estaba la carbonera. La verdad, no recuerdo haber entrado nunca a la cocina. La encargada de la preparación de los alimentos era la abuela Yeyé. Por supuesto, se cocinaba con carbón y se planchaba con planchas que se calentaban también con este material. Eran unas planchas de hierro, que se agarraban con un paño en el mango, porque se calentaban mucho. Había que limpiarlas antes de planchar, porque se ensuciaban con el carbón.

El agua de la casa se surtía de un enorme aljibe, que se bombeaba para extraerla, bomba manual que había que cebar cada vez que se necesitaba agua.

No recuerdo cómo se potabilizaba el agua para beber. ¿Se sacaba del aljibe? ¿Se hervía? No recuerdo. Sí recuerdo que se filtraba en unos aparatos de dos recipientes de loza, uno encima de otro, con la piedra arenosa que servía de base del recipiente superior. En la calle Mercedes había una mesita de dos pisos para poner el filtro en la parte superior, y en la parte inferior se ponía una bandeja con vasos boca abajo los que estaban limpios, y cuando se usaban se ponían boca arriba. Creo que se fregaba con jabón de cuaba porque los detergentes en polvo aún no habían llegado al país y no sé si existían.

La mesita la tuve por muchos años, hasta que cogió carcoma y tuve que botarla. Debajo del tamiz había una especie de bandeja de mármol, que yo todavía guardo, así como el filtro. Nunca vi una tinaja en la capital. Las conocí en La Vega, en casa de mis abuelos paternos, donde por muchos años, más de 15, pasaba las vacaciones. La familia de mi papá ha sido objeto de narración más adelante.

Recuerdo que esporádicamente vivían en la casa alguno de los sobrinos, Dájer o Schéker, pero al que más recuerdo es al primo Najib Schéker, hijo de Felipe Schéker, primo de mi abuela. Najib era asmático, y se pasaba las noches tosiendo, para lo cual salía al patio. Najib luego se casó con Aura Vallejo, y procrearon a los Schéker Vallejo quienes son conocidos.

En resumen, todos los tíos Dájer Schéker estaban en la casa, menos mi mamá que estaba en el interior con mi papá. Badía cuidaba de la casa. Tío Salvador y tío Miguel trabajaban, y mantenían la familia. No recuerdo que el abuelo Santiago, a quien llamábamos Yoyo, trabajara mientras vivíamos en Las Mercedes. Antes, cuando vivían en la calle Imbert, el abuelo Yoyo vulcanizaba gomas, con el tío Gabriel Schéker, hermano de la abuela Yeyé, y padre de José y Luis, que ya indiqué con anterioridad. Tío Miguel se hizo mecanógrafo, taquígrafo y se convirtió prácticamente en el "paterfamilias", y sus hermanos pudieron estudiar en la universidad gracias a él. Luego de graduado, tío Salvador también contribuía con la familia.

En esa época, tío Miguel empezó a llamarme Chalala o Chalalita, sobrenombres con los cuales siempre me llamó (supongo que para remedar mi nombre: Naya Margarita), ¡y durante toda su vida me llamó de esa forma por lo que siempre estos motes han tenido un hondo significado de cariño en mi vida!

El tío Joaquín estudiaba medicina y recuerdo a algunos de sus compañeros, Jordi Gatón, Cándido de los Santos, y creo había uno apellido Herrera, cuya hermana se llamaba Monina. Creo que había otro estudiante que se llamaba Frique, (de padres españoles) cuyo nombre creo era Francisco Cuesta. Trataré de averiguar, aunque no sé si las pimas Schéker o Dájer Piñeyro lo recuerdan. Las prácticas de medicina eran en la Sala de Socorro, institución desaparecida que estaba en la José Reyes, al lado de la Iglesia de las Mercedes. He averiguado con médicos mayorcitos de edad acerca de esta sala y no la conocieron, pero yo recuerdo que existía, porque me papá hacía prácticas allí.

Por supuesto, las reuniones de estudio eran por las noches, lo que me lleva a pensar que había luz eléctrica, por lo menos en los barrios donde yo vivía, Santo Domingo (ciudad Trujillo), y en La Vega, porque mi amigo Fernando Infante, que me lleva unos pocos años me ha dicho que en su casa, en su infancia, en un barrio de Santiago, se aluzaban con lámparas hechas con un platico donde se ponía aceite de higuereta, una mecha hecha de algodón y también con petróleo. Más adelante usaban lámparas de tubo y gas.

La tía Carmen, a quien siempre llamamos por su nombre sin el "tía", era la benjamina de los Dájer Schéker. Entre ella y Badía, a quien nunca tampoco llamamos tía, había 14 años de diferencia. Badía era la madrina de Carmen, y Carmen siempre la llamó "Madrinita". Hubo una unión de madre e hija por toda la vida de ambas.

La tía Carmen también estudiaba ingeniería y uno de sus compañeros era Chichi de la Huerga y otro Álvaro Delgado, que después fue su esposo por más de 50 años, hasta la muerte de ella casi en el año 2000. Carmen tenía una amiga, Camila Pérez, creo que hija de Lico Pérez, que no sé por qué siempre la recuerdo vestida de negro. También tenía otra amiga, Lala Everstz, que no era estudiante, y que fueron amigas mientras vida tuvieron las dos. Conocí a Lala de niña, y continué viéndola hasta que yo estaba avanzada de edad. Cuando nos veíamos, siempre hablamos de la tía Carmen.

Tío Salvador tenía una novia, Olga Ureña, que después fue la esposa de Angelito Bussi, un músico argentino que contrató La Voz Dominicana y que se radicó en el país.

Cuando Carmen empezó a trabajar, compró unos muebles de sala en caoba, muy lindos, los cuales están en mi poder hasta el día de hoy, los que cuido como una reliquia. Son raros, porque tienen un sofá, que es lo normal, pero lo que debieran ser butacas son mecedoras. Esos muebles fueron en adición a los que existían, que era el típico juego de caoba y pajilla, con sofá y dos butacas, una de las cuales todavía conservo.

También compró un juego de aposento, cuya coqueta la tiene mi hermana Chello.

La casa todavía se conserva, en la acera norte de la calle Mercedes, donde hay una acera alta, con escalones, entre las calles Sánchez y Santomé. En la esquina Santomé estaba un colmado llamado La Metralla, creo que de un señor Velasco. Recuerdo que la puerta de la calle, en el zaguán y de entrada a la casa propiamente dicha, no se cerraba con llave. Entraba todo el que quería entrar, aun de noche. Los habitantes de la casa no la cerraban porque podía ser que alguno estuviera en la calle, y pudiera entrar cuando llegara a la casa.

Las camas eran de hierro, de ésas estilo las de hospital, una de las cuales estuvo en mi poder hasta que tuve hijos. Eran de una plaza, pero había una de dos plazas, con los espaldares muy elaborados, muy bonitos, y supongo era la cama matrimonial de mis abuelos. Pero desde que recuerdo, los abuelos no dormían juntos, ni siquiera en la misma habitación. En la cama matrimonial dormía Yeyé con la tía Carmen, hasta que esta última estuvo bastante adulta. Carmen era la consentida de los padres y hermanos, ñoña, aunque resultó de una gran valentía en la vida.

La ropa se guardaba en armarios de caoba, los cuales sobrevivieron muchos años, hasta la casa de la calle Máximo Cabral. Incluso los años 70 aproximadamente, no se construían clósets en las casas. Había un armario que era particularmente hermoso, de un solo cuerpo, con una gaveta abajo, que a mí me encantaba. En ese armario se guardaba la ropa blanca. En la gaveta de abajo, la tía Badía guardó como por 20 años, yo no sé para qué, un trajecito de paje que ella misma me había hecho cuando yo tenía seis años, y desfilé con la reina del Colegio Muñoz Rivera, que ese año fue, Álida Carbuccia, 1947 foto que por cierto encontré. También había un cofre con joyas que Yeyé había traído del Líbano. Eran dos cadenas de oro, de filigrana, con un angelito. Una de esas cadenas la tiene mi hermana Chello y otra la prima Xiomara. Había otra cadena, más sencilla, con un angelito de nácar, que usé varias veces. Esas eran las grandes joyas de la abuela. Las mandé a tasar y el precio era irrisorio. No eran de oro puro. No sé de qué material estaban hechas, pero el tasador indicó que el único valor que tenían era sentimental. Un día, no vi más ni la cadenita que yo usaba, ni vi tampoco el armario. Este último mi mamá lo había vendido.

Tío Luis Schéker no vivió en la calle Las Mercedes porque ya se había casado con la tía Ana Ortiz, banileja, pero la visitaba continuamente. Su hija, la prima Luisiana Schéker, recuerda que iba al mercado de la avenida Mella, mercado Modelo, que quedaba cerca, con la abuela Yeyé.

Creo que la vecina del lado oeste de la casa se llamaba doña Telma, y que, en la acera de enfrente, cerca, vivía Margarita Arévalo, que sería la mamá del conocido intelectual y empresario Manolito García Arévalo. He podido confirmar que mi memoria no me ha fallado porque pude determinar con el mismo Manolito lo de su mamá Margarita, y me confirmó que la vecina era doña Telma Frías de Portela, pendolista de la Cancillería.

Viviendo en esa casa, tío Salvador se fue a Argentina a estudiar hidráulica, y se convirtió en el primer dominicano con esa especialidad, construyó varios canales de riego en República Dominicana y llegó a ser el primer secretario de estado de riego en el país. Tuvo siempre honda preocupación por la preservación mundial del agua, en especial de la de nuestro país, y escribió en la prensa alrededor de 200 artículos sobre el tema, que sus hijos han recopilado y me encargaron la edición de los mismos en un libro que fue puesto en circulación en marzo de 2020, con el título de "El agua es única; la prioridad sin paralelo".

¿Qué recuerdo de la calle Mercedes? Entre otras muchas cosas, que había un señor que vendía hielo y que todos los días se le compraba un pedazo. Lo llevaba en una carretilla, cubierto con un saco de chenchén y envuelto en aserrín. Por supuesto, en la casa no había nevera, por lo que la abuela iba diariamente al mercado a comprar los alimentos del día, de ahí que la prima Luisiana recuerde que acompañaba a la abuela. Luisiana es un poco mayor que yo, por lo que no recuerdo las visitas al mercado en esa época, aunque sí años más tarde. Me encantaba ir y ver cómo mi abuela y los vendedores eran casi familia. Se trataban con cariño y respeto, aunque la abuela no dejaba de regatear. La comida siempre se iniciaba con un plato de sopa, antes de la bandera dominicana: arroz, habichuelas, carne de vaca, fritos maduros y ensalada… No recuerdo si para la comida diaria se hacía comida árabe. Ese recuerdo lo tengo de años posteriores.

También recuerdo que había varios dulceros con una caja que se ponían en la cabeza y que todos los días uno de ellos pasaba por la casa. Los tíos me dijeron que algunas veces era Alberto Beltrán, que cantaba mientras vendía los dulces y bailaba con la dulcera en su cabeza, y que después se hizo un cantante de fama internacional. Si alguna vez fue Alberto el dulcero, no lo recuerdo.

Es de especial recordación para mis hermanos, mis primas Dájer Piñeyro y yo, que la tía Badía solía dormirnos cantando "La calle ancha", la "Pájara pinta", una que decía "hermanito, hermanito, no me jales los cabellitos, que mi madre me ha enterrado por un higo que ha faltado", "Yo soy la viudita", "En Cádiz hay una niña", y había una, que no recuerdo el nombre, que después aprendí, que era que su padre el rey la violaba. Otra, que arrodillan a una niña en cuchillas y navajas porque no que quería hacer lo que su padre, el rey, ordenaba, hasta que la pobre niña muere.

La del rey que violaba a una de sus hijas no me fue fácil recordarla. Yo no entendía bien la canción y muchos años después descubrí que era por aquello de la violación. No había forma de recordarla. Llamé a mi prima Luisiana que tiene una memoria de elefante y tampoco la recordaba. Sé que el nombre era un diminutivo. Me sonaba a "Filis..." Busqué en el Santo Buscador de hoy en día, san Google, y no encontré. La palabra seguía en mi cabeza, hasta que de pronto, recordé: la princesa violada era "Delgadina". Buscando en el mismo san Google, lo encontré. Es una canción que puede deberse a diferentes orígenes, con algunas variaciones en la letra, pero con el mismo tema. Encontré en otra de las herramientas de hoy en día, "YouTube", una versión de un español. La letra era la que yo recordaba, pero la música no.

Badía también cantaba una canción muy hermosa, que decía "Carmen, Carmela, luz de mis ojos; si luz no hubiera, habrías de ser, hermoso faro de venturanza, luz de esperanza, bello placer". No recuerdo haber oído a nadie interpretar esa canción, que la recordé porque recientemente vi una película del oeste, con Gregory Peck, que entonaban la música. (sept. 2020). Buscando nuevamente en Google, encuentro que es una canción de Agustín Lara de 1941, que ha sido interpretada por varios cantantes, incluso Luis Miguel, y la han distorsionado. Lo que da pena. Incluso hay alguien que la interpreta en inglés. En su versión original la interpretaba César Romero, según puede encontrarse en YouTube. Siempre me pegunté por qué Badía cantaba esa canción, además de que es muy hermosa, y siempre pensé que se la dedicaba a su hermana más chiquita, su ahijada, por quien siempre tuvo un amor maternal: la tía Carmen. Ese amor era ampliamente correspondido por la tía Carmen y siempre llamó a su hermana mayor como "Madrinita".

Y hablando de la tía Carmen, recuerdo que tío Salvador se refería a ella, de cariño, como "Tamisola, toma vino". Supongo que por algún episodio de esta bebida en la vida de la tía Carmen.

Con referencia a músicas, tengo un oído muy malo. Mi abuela Yeyé que siempre me tuvo como una nieta adorada (yo fui su primera nieta), se condolía de mí diciendo: "mi pobre nieta Naya, tiene la boca muy lejos de los oídos". No recuerdo la música de Delgadina, definitivamente no es la que escuché en YouTube. Pero, no importa. Lo importante es que Badía la cantaba como la han cantado en diferentes partes del mundo, y no entiendo por qué es una canción infantil si se trata de un rey que viola a su propia hija, que muere de sed, porque sus hermanos no quisieron darle agua, y su madre tampoco, porque su madre tenía celos de Delgadina porque le robaba su marido... El rey le prometió agua, pero cuando el agua llegó, Delgadina había muerto.

Por lo menos, en el caso de cuchillas y navajas, bajan ángeles del cielo y se la llevan al éter, mientras que los malvados son castigados. Pero, son estas canciones un meta mensaje para los pequeños, para que se porten bien, porque si no los entierran o los arrodillan en cuchillas y navajas. Creo que es una manera muy cruel de hacer advertencias a los pequeños. Debe haber maneras más civilizadas de prevenir el mal comportamiento. Yo, por mi parte, nunca les canté a mis hijos por aquello de mi oído defectuoso. No sé si ellos conocen lo del higo faltante, pero creo que definitivamente, no conocen lo de los crueles reyes.

En la casa no había personal de servicio. La abuela y la tía Badía no tenían mucha paciencia para bregar con ellas. Badía nunca se casó y fue siempre la jefa de la casa y de la familia. Siempre en el hogar, era extremadamente culta y sabia. Sus dichos filosóficos están todavía vigentes en sus sobrinos. Excelente costurera, nos hacía toda la ropa a las sobrinas, en compañía de la tía Cucha que era la diseñadora y que también cosía. En fin, la tía Badía, que murió en los años 80, fue y es recordada con respeto, cariño y admiración por toda la familia. Sin salir de la casa, estaba enterada de todo. Leía los periódicos diariamente, los comentaba y nos enseñaba. Era pragmática. Una espátula para cocinar podría usarse perfectamente para partir el biscocho de una boda muy elegante. Era una filósofa de la vida: "ingratitud, virtud cívica", frase que es de uso común en nuestra familia hasta el día de hoy. Siempre recordamos sus enseñanzas. Era recta, disciplinada, y nos enseñaba a ser rectos y disciplinados. Es el símbolo de la familia.

En la Mercedes, el baño era uno solo y había mucha gente en la casa. Recuerdo que a los tíos les gustaba cantar a toda voz mientras se bañaban, especialmente tangos. Había que apresurar para que todo el mundo tuviera tiempo de bañarse. Tía Cucha siempre decía: "canten torerito", que era una canción rápida, para acelerar el tiempo en esa dependencia de la casa. He buscado esa canción en Internet y no la encuentro, pero lo recuerdo...

Había un perro, Duque, creo que pastor, blanco. No sé de perros, así que pudo haber sido un collie. Hay una foto de mi hermano Luis Antonio junto a Duque.

Consulté los datos de la primera emisión del que se volvió de inmediato en uno de los programas radiales, y luego de televisión, de más éxito: "Romance campesino" o "Macario y Felipa". Los datos consultados indican que la primera emisión radial fue el 11 de noviembre de 1946, y yo recuerdo que lo escuché en la calle Mercedes, casa de la cual nos mudaríamos poco después.

Recuerdo que, en mayo, el Mes de la Virgen, yo iba con la tía Badía a la iglesia de Las Mercedes a llevar flores y a cantar los himnos propios de la temporada.

Siempre he pensado que los Dájer Schéker eran pragmáticos y ahora que estoy escribiendo estas reflexiones, lo confirmo. Hoy pienso que era por la necesidad de insertarse en la sociedad dominicana que tenía sus prejuicios contra los árabes, a quienes llamaban turcos. Por mi parte, nunca sentí ningún tipo de prejuicio, la casa de mis abuelos estaba siempre llena de gente que visitaba y estudiaba, y casi todos eran dominicanos. Entre los árabes asiduos a la casa estaban Salomón David y su esposa Oliva, que eran más que hermanos para los abuelos. Eran compadres en muchos casos, y he encontrado el acta de nacimiento de la tía Carmen, y quien fue al registro civil a declararla fue Salomón. A mí, en la escuela, me decían "turquita", pero nunca lo interpreté de ninguna manera que no fuera de cariño.

Los tíos Miguel y Salvador llegaron a ser funcionarios cuando Trujillo, y creo que se refería a ellos como los "turcos", pero nunca los discriminó por esta causa. Conocí a Salomón, a su esposa, y los hijos y nietos de ambas familias todavía nos tratamos.

En su mocedad, la tía Carmen era muy linda. Tenía una melena preciosa, que ella cuidaba con esmero. Vi fotos de ella entrevistando artistas que venían a Santo Domingo para una revista de farándula que se llamaba Fígaro. En la casa había varios ejemplares de esa revista, pero se perdieron, lo que es una lástima. La tía Carmen era taquígrafo-mecanógrafa, y utilizaba la taquigrafía Duployé, que era la que se enseñaba aquí. La Gregg llegaría al país años después. Entre los artistas que recuerdo ella entrevistó estaban el Trio Janitzio, Juan Arbizu y Eva Garza.

El sitio de diversión por excelencia era el restaurante El Ariete, ubicado en El Conde esquina 19 de Marzo. Era un ícono de diseño, de la autoría de un conocido arquitecto español que dejó su huella en este país, Tomás Auñón. El edificio todavía existe, vuelto un desastre, convertido de una tienda de yo no sé qué baratijas.

El pragmatismo de los Dájer Schéker lo pienso en función de que no recuerdo haber visto adornos ni cuadros en la casa. Las camas se tendían con sábanas y ya. El toque artístico lo ponía la tía Cucha, que siempre se preocupaba de que las cosas fueran bonitas.

Y hablando de la tía Cucha, ella vivió en casa de los abuelos por muchos años, yo diría que por casi 20, y siempre reinó la armonía entre los abuelos, los tíos y ella. Era una hija más en la casa. Se aceptaban sus opiniones y ella era respetuosa de las opiniones de sus parientes políticos.

Cuando vivían en la calle Imbert, los abuelos y los tíos pasaron muchas calamidades, que fueron superando a medida que los hijos fueron trabajando. He escuchado que en una ocasión había que cambiar el zinc de la casa, y que tío Miguel lo hizo y que la primera vez que llovió, la casa era una sola gotera. Tío Miguel había clavado el zinc en los valles en vez de hacerlo en las montañas. El agua se coló por el hueco de los clavos.

Parece que en la calle Imbert vivían también mi papá y mi mamá, porque en las fotos que tengo cuando yo vivía en esa casa, está mi papá. Según tengo entendido, antes de la Imbert, los abuelos vivieron en la Santomé, casi esquina Conde, en la Peña y Reinoso (en la casa del general) y en la calle Capotillo, ahora Avenida Mella. En la Imbert, vivían frente a un dentista llamado Nestín Florentino, casado con Naná, que yo conocí muy bien, que hasta el día de hoy sus hijos y los descendientes de los Dájer Schéker nos tratamos. En la Capotillo se trataban con los Hasbún, pero nunca los conocí. También escuché que la tía Cucha se había quedado sin leche al dar a luz a Xiomara, y que mi mamá la amamantó. En cuanto a tía Cucha, siempre me dijo que yo era su primera hija, yo me lo creí, y la vida me demostró que era así. La tía Cucha fue una verdadera mamá muy querida para mí.

A los cinco años, 1945, me fui a vivir con mis padres, que ya estaban en San Cristóbal. Por supuesto, mi hermano Luis Antonio fue a vivir a San Cristóbal, junto con mi hermana Chello que ya había nacido. San Cristóbal es otro capítulo de estas vivencias.

Después de escribir de mis primeros recuerdos, donde están principalmente los Dájer, pienso que era una familia feliz, abierta como las puertas de la casa, que recibía a todo el que llegaba aún sin anunciarse, donde se estudiaba y se trabajaba. Donde había respeto a la autoridad. Que se ocupaban de sus padres, que los cuidaban. Que había deseos de progresar. Que eran felices porque podían cantar a viva voz en el baño. Que eran solidarios entre los hermanos, entre ellos mismos se pagaron los estudios, los más grandes a los más pequeños, y eran solidarios con los compañeros de estudios, a los que trataron por el resto de sus vidas. Que nunca se quejaron de ningún discrimen. Que las penurias que habían pasado las habían superado y en vez de lamentarse se sentían complacidos y agradecidos porque las habían superado a base de trabajo y esfuerzo. Que se sentían dominicanos. Que se sentían libaneses. Que sabían que vendrían días mejores, para los que trabajaron, y consiguieron.

Según he leído, los primeros cinco años de vida de una persona marcan su carácter. Yo creo que es así. Lo que aprendí con mis padres, mis abuelos, mis tíos, todos, de parte y parte, me conformaron. Esto lo iré dejando saber a medida que vaya escribiendo sobre los capítulos de mi vida, que además de ser muy personales, reflejan el modo de vida de nuestro país en cada episodio relatado.

La calle Imbert. 1940-1946

Aunque dije que mis recuerdos se iniciaban en la calle Mercedes, he encontrado algunas fotos de la Imbert, que recrean mi vida en ese lugar.

Debo decir que mi papá, Luis Antonio Despradel Brache, mejor conocido familiarmente como Nené, era oriundo de La Vega. De allá eran sus padres, y allá se crió mi papá. Vino a la capital a estudiar medicina, conoció a mi mamá, y aquí se quedó por siempre, excepto las posiciones que ocupó como médico sanitario en diferentes pueblos del interior del país.

Por las fotos que veo, mi mamá y mi papá también vivieron en la casa de los abuelos Dájer en Santo Domingo, desde luego, Ciudad Trujillo.

Hay fotos mías, yo muy pequeña, en que mi papá me agarra, para que no me caiga. De eso, no recuerdo nada.

Fui (soy) primera nieta de los Despradel Brache y de los Dájer Schéker y, por lo tanto, primera sobrina de lado y lado. Fui una niña mimada. He encontrado una tarjeta de mi tía

Olga Despradel, en mi cumpleaños de un año, en que me mandaba cincuenta centavos para que me hicieran un pudín. Mi madrina era mi tía Mery Despradel Brache de Despradel (ya contaré de todo esto cuando hable de La Vega). Mientras ella estuvo viva (no recuerdo cuándo murió, pero yo tenía mucho más de 60 años), cada 10 de octubre llegaba a mi casa un bizcocho hecho por ella, que me enviaba puntualmente. Esa demostración de cariño de la tía Mery me marcó de una forma tal, con los 10 de octubre, que si no hay alguien que me compre un bizcocho, me lo compro yo.

Ya conté que los tíos Miguel y Cucha se habían casado viviendo en la Imbert, y que en esa calle nació mi prima Xiomara.

También escuché los cuentos de que mi tío Henry Despradel Brache había vivido con los Dájer en la Imbert, y que la puerta de la calle no se cerraba con cerradura. Se juntaba, detrás se ponía una pesa de 10 o 15 libras, y ese era el seguro... No sé por qué relaciono lo de la puerta y la pesa con el tío Henry, pero es que parece que él era el que más tarde llegaba. ¿Qué hacía el tío Henry en la capital? No sé y ahora me doy cuenta de que nunca averigüé.

Pero lo que me llama la atención es que vivían mis abuelos Dájer Schéker, con sus siete hijos, mi papá y mi mamá conmigo, los tíos Miguel y Cucha con Xiomara, el tío Henry, y los Schéker Hane cuya madre había muerto y mis abuelos Dájer Schéker criaron a los hijos. ¿De qué tamaño era la casa? ¿De qué tamaño era el corazón de los Dájer Schéker? Cabían todos. Por añadidura, los primos Dargam Hane, cuatro, también eran prácticamente residentes allí, puesto que la tía Matilde Hane había muerto y había dejado chiquitos a sus hijos. De mi relación con los Schéker y los Dargam también hablaré más adelante.

De la calle Imbert fue que nació la relación con Pin, que mencioné en la calle Mercedes, pero que su recuerdo es nítido en la Cabrera. Pin incidió en nuestras vidas de una manera muy especial, y la recordamos como un personaje que siempre estuvo al lado de los Dájer.

No recuerdo muchas cosas más de la calle Imbert, excepto que los Florentino vivían al frente. Creo que ya los he mencionado, pero hablaré de ellos cuando trate de los Schéker Ortiz. La amistad de los Florentino y los Dájer se ha mantenido hasta el día hoy.

Antes de seguir adelante, pienso que debo mencionar los recuerdos de mi nombre, y para ello reproduzco lo que escribí en ocasión de una reunión de la familia de mi papá, los Despradel Brache.

La Vega

Los Despradel Brache
Recuerdos hermosos. La Vega

Empezar por decir que el primer día de vacaciones, mi papá me llevaba a La Vega, donde permanecía hasta el último día de las mismas. Esto sucedió desde que yo tenía unos cuatro años hasta que cumplí 15 o 16.

Por supuesto iba a la casa de mis abuelos paternos. Juan Luis Despradel Piantini y Dolores Brache de Despradel. Papá Luis y Mamá Lola. ¡Los Brache eran descendientes de los Ramírez de Arellano, muy elegantes! (No tengo datos de su abolengo).

Sus hijos fueron María (tía Mery); Estela Benitica (tía Bita o tía Bitín); mi papá, Luis Antonio (Nené); Bernarda (tía Naya, ¡que me perdone si la puse en un sitio que no es por aquello de la edad!); tío Fafo (Rafael Elías); tío Herman José, tía Olga (Guin) y Manuel Valentín Enrique (tío Henry). Todos maestros, según el libro del licenciado Hugo Estrella Guzmán y el doctor Fausto Mota García, "Maestros veganos", Vol 1.

Según el mismo libro, hay más Despradel maestros, como Luis Manuel Despradel Morilla.

Y entre los Espaillat Brache también hay cuatro o cinco maestros.

Las primeras veces que fui a La Vega, donde de inmediato me convertía en Nayita o en Naya Margarita, tengo un recuerdo muy vago y los sucesos los conozco porque me los contaron. Uno muy gracioso y que generó una frase que todavía se utiliza en mi casa es: "¡yo no estoy arrepentido, pero cansado sí estoy!", dicha de una manera pausada y en voz relativamente baja, que era la manera de hablar del tío Ventura. Esta frase la pronunció el tío Ventura Brache Almánzar, que era el esposo de la tía Bitín, y que se refiere a que él se ofreció a darme la comida y para que yo comiera debió caminar alrededor de la casa, que estaba en el campo, subiendo y bajando montecitos, hasta que pudo darme la comida. Es cierto, no estaba arrepentido. Siempre fue sumamente cariñoso conmigo, y yo era su primera sobrina. Es que la casa de los Despradel Brache era también, como la de los Dájer, vivienda multifamiliar. Los tíos Ventura y Bitín vivían con los abuelos.

La casa estaba en un lugar denominado Palmarito, que queda al atravesar el puente del río Camú, a la izquierda.

Había que entrar por un caminito de unos 15 o 20 metros, hasta llegar a la casa. Había una mata de limoncillos preciosa, y todo el camino estaba sembrado de madreselvas, que siempre estaban en flor, y le concedían a la casa un aire muy señorial. En realidad, la casa era señorial.

¿Cuándo se construyó esa casa? No sé. Nunca me ocupé de averiguar y ahora que estoy escribiendo esto me intriga y quisiera indagar. Los Despradel Brache han fallecido todos, pero consultando con mi prima Gugú, Imgard Despradel Fonck, que aunque mucho más joven que yo vivió en La Vega por varios años, sabe detalles que yo no sé. Según ella, la casa se construyó aproximadamente en 1944, encima de una casa de madera que ya existía. No puedo comentar, porque no tengo elementos. Mi primer recuerdo es de 1946, cuando el famoso temblor. Yo estaba en esa casa y recuerdo que mis abuelos me sacaron al frente de la misma y yo veía las mecedoras en la galería meciéndose. En 1946 no me impresionó la casa. Era la que yo conocía, no me pareció nueva, y muchas veces escuché a los abuelos decir que el pañete de la casa era único en el país. Estaba poco trabajado, y explicaban que lo habían hecho unos españoles que ayudaron en la construcción de la casa y que vivían en la casa de los abuelos, y que lo habían hecho tirando pegoticos de cemento con las manos. Es lo que hoy se llama pañete rústico. La distribución interior, pienso ahora, debió proceder de un diseño nuevo, porque estaba muy bien concebido. La casa era de madera y la galería de lozas hacen también pensar. En investigaciones con otras primas, justamente las Despradel Rodríguez (hijas de tío Fafo y de tía Ligia) que vivieron en esa casa desde que nacieron y allí se criaron, dicen que cuando nació la mayor de ellas, María Estela, en 1944, nació en ella. O sea, que es posible que la casa fuera anterior a 1944.

El caso es que el nombre de "Palmarito" siempre me pareció precioso. Y más como lo pronunciaban los parientes de La Vega. Cuando se decía voy para "Palmarito" era casi como decir voy al paraíso. Así era. La casa estaba rodeada de mucho terreno propiedad de los abuelos, había jardín y sembradío de naranjas y plátanos.

Había vacas y un chiquero, palabra que aprendí allá. El primer placer de estar en La Vega era levantarse de madrugada para ir con papá Luis a ordeñar las vacas. Él no ordeñaba, había peones que lo hacían, pero era una experiencia única el proceso del ordeñamiento. La leche se llevaba a la casa, se hervía, y era para el consumo de la familia. No había muchas vacas, al menos que yo recuerde. Se servía humeante en el desayuno, con el consabido comentario de la abuela de que en "la capital no hay leche como ésta". Yo no me la bebía, nunca me ha gustado la leche, y recuerdo que mi papá tampoco bebía leche, para lo cual decía que "la leche era para las vacas." Y si me dicen que yo consumía labben, pues para mí, el labben no es leche, es labben, es lo que se conoce como yogourt.

Cada uno de estos aspectos merece mención especial. A un lado de la casa había una cancha de tenis. Los Despradel Brache, todos, eran deportistas. Nadaban, jugaban tenis, montaban a caballo. Eran fuertes. No sé si lo viví o si lo he soñado, pero pienso que alguna vez los abuelos y los tíos invitaron a algunos amigos a jugar tenis mientras yo estaba allá de vacaciones.

Detrás de la cancha, había un tejar. Se hacían ladrillos. Yo llegué a ver el tejar funcionando y luego dejé de verlo. Quedó un hueco en el terreno. Detrás del tejar había un caminito que conducía al río Camú. En ese entonces, era un río de verdad, 1950, no el basurero que es ahora. Y los tíos decían que el río de ese año no se parecía al caudal de agua que existía cuando ellos eran muchachos.

En ese tejar llegó a trabajar un refugiado español, que luego fue muy conocido, un exquisito artista, Antonio Prats Ventós. Yo no lo conocí, pero lo escuché de la familia y lo leí en un libro sobre su vida.

Ese caminito lo recorríamos todos los días a las 10 o las 11 de la mañana, para bañarnos en el río. La posa quedaba más o menos debajo del puente.

Íbamos con la abuela, ya de cierta edad, aunque se me ocurre pensar que a lo mejor tenía menos años de los que pienso ahora, pero tenía el pelo blanco, largo, y se lo recogía en un moño. Era bastante gruesa y se bañaba en enaguas. Nos acompañaba la tía Ligia Rodríguez, que era la esposa del tío Fafo. Tenían tres hijas, menores que yo, María Estela, Flora Ligia y Evelina, y también iban. (En esos momentos no había nacido una cuarta prima, Elizabeth, mucho menor que nosotros). Los tíos y sus hijas vivían también en la casa. Mi hermano Luis y mi hermana Chello también iban. Y, en una ocasión, mi prima de la capital, Miguelina Dájer, pasó las vacaciones en La Vega. Hasta el día de hoy, Miguelina dice que ésas fueron las mejores vacaciones de su vida, y eso, que ella conoce medio mundo.

Bueno, gozábamos. La tía Ligia se subía en una liana y se tiraba al agua como Tarzán. Ella nos enseñó a tirar besitos, que era tomar un callao y tirarlo paralelo al agua, para que diera pequeños saltos, cada uno de los cuales era un besito. Remontando el río, contrario al puente, estaba el charco de San Julián.

Era llamado así por mi bisabuelo, San Julián Despradel, el dueño original del terreno. Era un charco muy hondo, donde solo se bañaban hombres, y generalmente lo hacían desnudos. Creo que en estos tiempos, las mujeres no se hubieran intimidado por la profundidad del charco. También imagino que la tía Ligia, que era muy atlética, se hubiera atrevido si no hubiera sido por los pruritos machistas de la época.

Después del baño, a almorzar. La comida era muy criolla, y los abuelos nos decían a los de la capital que debíamos aprovechar las carnes, las ensaladas y las frutas, porque eran frescas y no como lo que acostumbrábamos a comer.

Y hablando de frutas, mi papá era que nos llevaba a La Vega, en un carro de línea que se contrataba con Fello Calamidad, en una estación de gasolina, en la avenida Mella, entre la 16 de Agosto y la 30 de Marzo, detrás del hotel Presidente, calle que en ese entonces se llamaba doctor José Dolores Alfonseca. Al llegar a La Vega, mi abuelo mandaba a un peón a que tumbara naranjas. Se tumbaba casi un saco. Mi papá y mi abuelo se sentaban frente a frente, con el saco en el medio, cada uno con un cuchillo y una ponchera para echar las cáscaras y los bagazos, y mientras "mondaban" las naranjas, mi papá y mi abuelo se ponían al día de la vida de sus respectivas familias. No sé la diferencia entre mondar y pelar, pero en casa de mi abuelo se "mondaban" las naranjas, no se pelaban. He buscado en el diccionario de la Real Academia la diferencia, y no entiendo las explicaciones. Sí dice que las naranjas se mondan y las manzanas se pelan. Lo que estoy segura que el término "mondar" está correcto en este caso, porque en casa de los Despradel Brache todos eran maestros, de gramática y de cualquier otra materia, y no iban a usar un término incorrecto. Pena de la vida para quien dijera un disparate. El abuelo papá Luis había sido maestro e intendente de educación, y en La Vega hay una escuela y la parte de la carretera Duarte que atraviesa por el pueblo, ambas llevan su nombre. De los Despradel Brache heredamos los descendientes el amor por el magisterio. Muchos nietos y hasta biznietos de una forma u otra, somos maestros.

Es curioso también que la naranja, después de mondada, no se partía medio a medio. Se partía una tapita, creo que de la de arriba, que era la parte más dulce, y la porción más grande era menos dulce. O acaso es al revés. El caso es que, entre mondar y conversar, terminaban el saco. Pero debo aclarar que jamás he comido naranjas más dulces que las del naranjal de los abuelos. ¿Será así o mi memoria espiritual me hace recordar que era así?

Con la leche, la tía Ligia a veces hacía leche condensada. Simplemente agregaba azúcar a la leche, y la dejaba hervir lentamente hasta que se consumía y se condensara.

Ahora llegamos a la cena. Qué experiencia. La tía Ligia se armaba de un colín (todos los muchachos íbamos con ella al platanal), y de un golpe certero tumbaba un racimo de plátanos, y, en un segundo y fuerte machetazo, tumbaba la mata. Los plátanos generalmente estaban nuevos, y de ahí que, para mí, un plátano nuevo es una delicia de la vida. Se acompañaba la cena con huevos, queso, salchichón, y la repetición de la abuela de que la calidad de esos productos no se conseguía en la capital.

Los tíos Bitín y Ventura vivían en la casa de Palmarito, hasta que se mudaron al pueblo. Entonces, a Palmarito se mudaron los tíos Héctor y Naya. Tío Héctor era muy simpático. Todas las noches se sentaba con todos los nietos a jugar barajas. Alegraba la noche de la muchachada haciendo cuentos y anécdotas, y lo pasábamos muy bien, acompañado con el sonar o retumbar de los vehículos al atravesar el puente sobre el río Camú, cuyo piso era de madera. Pasaba un vehículo cada 30 segundos, día y noche, por lo que ese sonido era eterno. Era tan constante, que uno se acostumbraba y ni lo sentía, a pesar de lo fuerte que era.

También había sonidos en la casa. La galería, que era ancha y rodeaba toda la casa, tenía piso de mosaicos, pero la casa en sí, tenía piso de madera. Así que al pasar de la galería a la casa, o al revés, el sonido de las pisadas cambiaba totalmente. Este piso de madera era conservado en estado de absoluta limpieza, para lo cual había una señora que se arrodillaba y lo cepillaba. Era una casa con unas diez habitaciones, y todas se cepillaban de esta forma.

El límite externo de la galería eran unos bancos de cemento, blancos, como de 50 cms. de ancho, fríos siempre, donde nos acostábamos a dormir la siesta. Pero la galería era el centro de la vida diaria. Ahí se estaba uno todo el tiempo que se estuviera en la casa. Se recibía a las visitas, y los alumnos que tenía tía Bitín que les daba clase de recuperación. En un lateral, había una mesa de ping pong.

En esa galería había varias mecedoras y un sillón en una esquina, que era el de papá Luis. Aunque el abuelo era democrático, ése era su sillón y si él estaba en la galería, el que estuviera ahí sentado se levantaba de inmediato.

Cuando llegamos a pasar vacaciones en La Vega, ya el baño estaba dentro de la casa. El piso era también de mosaicos, y había agua del acueducto. ¿Cuándo se hizo este baño? No sé, pero fue lo que yo conocí. Antes, se usaba la letrina, que estaba bastante alejada de la casa. Pero siempre se hacia la historia de que cuando el tío primo Luis Enrique Despradel Pennel era el novio de la tía Mery, y el tío tenía alguna necesidad, reunía a los hermanos más pequeños de la tía Mery para que lo acompañaran a la letrina, con los niños haciendo bulla tocando calderos con una cuchara, para espantar a los fantasmas. Supongo que esto debió haber sido en los años 40. Era necesario llevar una lámpara para alumbrar el camino, costumbre que acompañó al tío Luis Enrique por toda su vida, ya que, viviendo en la capital, con luz eléctrica constante, tan pronto llegaba la noche agarraba un foco y no lo soltaba hasta que se acostaba.

En La Vega aprendí algunas palabras. "Lata", que es una vara larga. "Brisca", de jabón. Allá el jabón de lavar la ropa se compraba por "briscas", que era una pasta alargada, como de 12 pulgadas de largo, incómoda para su utilización. Para hacer más fácil su uso, esa brisca se partía en varios pedazos que se amasaban para ablandarlos, y con cada pedazo se hacía una bola como del tamaño de una pelota de tenis, que era lo que se usaba finalmente para lavar. Otra palabra característica de los parientes veganos, no inventada pero pronunciada de una manera singular era "sampaña" (champaña), pronunciación que conservamos todos los descendientes como recordación cariñosa de nuestros ancestros.

El planchado, como era lo que existía en la época, era con planchas de carbón.

En esa época, no había teléfono en Palmarito y en realidad, pocas familias tenían teléfono en las casas del país. Esto causó un problema inmenso una vez que nos dejaron, a mi hermano Luis Antonio y a mí, en la casa de la tía Bitín y del tío Ventura, que ya vivían en el pueblo, en una casa en la calle Señoritas Villa, que a mí siempre me pareció preciosa, pintada de azul aqua y blanco. El asunto es que Luis Antonio, de aproximadamente 10 años, desapareció. Los tíos Ventura y Bitín pensaron que se había perdido en el pueblo y lo buscaron por todas partes. No aparecía. Después de varias horas de búsqueda infructuosa, llegó el tío Fafo a informar que Luis Antonio (Sotono, como le decía el tío Ventura), estaba en Palmarito, con los abuelos y justo con el tío Fafo.

Tío Fafo no era una persona especialmente discreta. Como hombre de campo, era muy franco y les dijo a los tíos del pueblo que Luis Antonio se había ido porque los "*tíos del pueblo jodían mucho"*. El problema con los tíos era que había que tener conversaciones interesantes, pronunciar muy bien las palabras, vestir siempre adecuadamente, hacer las tres comidas con los tíos sin poner los codos en la mesa, y comer lo que se sirviera, sin protestar. En Palmarito, la vida era más sabrosa, más laxa. De haber habido teléfono, se hubiera determinado el paradero del muchacho con más facilidad.

Esto de la falta de teléfono en La Vega, en la capital ya teníamos este artefacto, me marcó de tal manera que siempre recuerdo a la tía Rhina Espaillat Brache, que nos dijo: "en esta casa (en el pueblo), hay teléfono y el número es muy fácil. Es 5-6, y el 7 se le mete en el medio". Tía Rhina, fue una más de la familia que abrazó el magisterio, tuvo una escuela privada, y era una excelente pedagoga. Hablaba inglés muy bien, cosa rara en esa época de haber persona bilingüe, y en la escuela ella daba clases de ballet, sin haber estudiado ese arte.

Pero, la tía Rhina y los Espaillat Brache merecen párrafos aparte, que trataré más adelante.

Volviendo a los tíos Ventura y Bitín, es preciso decir que ellos nunca tuvieron hijos. Tía Bitín era maestra de gramática, filosofía y psicología en el bachillerato del colegio de las monjas, y la llamaban hasta ya una edad avanzada señorita Bitín. Era una maestra a tiempo completo. En la escuela y en la casa. Orden, compostura siempre. Tío Ventura dependía totalmente de ella. Se llevaban excelentemente bien. Pasé muchos días de mi vida con ellos y nunca los oí discutir. Es muy posible que el tío Ventura hiciera siempre lo que disponía la tía. El tío era Brache, por lo que la tía se casó con un primo de los Brache Almánzar, de Salcedo. La tía Mery se había casado con un primo de los Despradel Pennel, de Puerto Plata.

El tío Ventura era abogado, y tenía su oficina en la casa de mi bisabuelo, San Julián Despradel, en la calle Manuel Ubaldo Gómez.

La casa de tía Bitín era la típica de los pueblos de entonces. Era de madera, por supuesto, y los dormitorios tenían puertas interiores, pero también, hacia afuera, hacia la calle, puertas partidas horizontalmente por la mitad. Es decir, podía abrirse la mitad superior de la puerta, pero podía abrirse enteramente, lo que solía hacerse para dormir siesta. Sí, se dormía siesta con la puerta abierta, y todo el mundo podía ver al durmiente. ¿Había asaltos? Creo que no. ¿La Era de Trujillo? Puede ser, pero en la capital se dormía con las ventanas abiertas, sin rejas, y los robos eran pocos. Tuvimos hierros en las ventanas cuando yo era bastante grande.

Andando el tiempo, tío Ventura tuvo un carro. Era azul marino, no recuerdo la marca, pero se parecía a su dueño: discreto, no llamaba la atención, y tío Ventura lo manejaba igual que como era él, despacio, con calma. Si me preguntaran, creo que nunca pasó de una velocidad de 50km/h. En ese carro, fuimos varias veces a Salcedo, pueblo del tío Ventura. Donde vivían sus hermanos. Román Brache, que era médico y sus hermanas Amparo y Sol. Amparo casada, con una hija, que yo recuerde, y Sol, soltera. Vivían en un campo, que no recuerdo el nombre, y, por supuesto, las reuniones eran alrededor de la mesa, servida con abundante comida, y los primos Brache nos elogiaban a los de la capital porque éramos educados.

Hay una historia de estos Brache, y se refiere a la tía, o prima, Sol. Ellos tenían finca y por supuesto, peones. Había uno que no era muy afectuoso con el baño, y un día la prima Sol le dijo que ella lo iba a bañar. El señor le contestó: "Señorita Soi, ¿y uté me va'a a bañai todo todo?". Y la prima Sol ripostó: "Sí, lo voy a bañar, ¡y el todo todo se lo lava usted!" cuento para la eternidad en la familia.

Y esto de carro es importante mencionar. Cuando la tía Bitín y el tío Ventura vivían en Palmarito, no tenían vehículo. Entonces, trasladarse de Palmarito al pueblo se hacía en coche. Para ello se enviaba un peón al pueblo para que buscara un coche para el traslado correspondiente. Lo que se fuera a hacer en el pueblo, se hacía a pies. Por cierto, que en La Vega, y creo que en todos los pueblos, la gente caminaba por las calles, no por las aceras. ¿Había poco tránsito? ¿Las aceras eran estrechas? Las calles me llamaban la atención porque tenían badenes en las intersecciones, por lo que era imposible transitar a altas velocidades. Nunca vi badenes en la capital.

Tía Bitín tenía una señora, Sila, que trabajó con ella por unos 20 o 30 años. Era gordita y siempre estaba descalza. Hacía la comida más rica que uno pueda imaginarse: sopa, pollo guisado, habichuelas. No sé cuál era el sazón, pero era especial. Un día sobró pollo guisado del mediodía y Sila lo ripió e hizo un revoltillo por la noche. Me las doy de que cocino bien, pero nunca he logrado reproducir el revoltillo con pollo de Sila.

65

Bueno, ya he mencionado a los Despradel Pennel. Estos eran de Puerto Plata, el tío Luis Enrique, esposo de la tía Mery. Este tío tenía una hermana, María Despradel Pennel, que por muchos años vivió en la capital con su hermano. La llamaban María Pennel, para distinguirla de mi tía María Despradel de Despradel, su cuñada. María Pennel terminó viviendo en La Vega, en casa de los tíos Bitín y Ventura. Tenía toda un ala de la casa, con su baño y creo que hasta su cocina. Era extremadamente limpia. ¡¡¡Limpia, limpia!!! Y tenía algún tipo de problema mental. Era muy conversadora y cuando no tenía oyente, hablaba sola. Era culta, extremadamente culta. Simpática y siempre estaba sonriente. Era aficionada a la historia universal y hablaba de personajes como María Estuardo como si fuera su hermana. Decía, por ejemplo, "cuando María se casó con James", se refería al matrimonio de la Estuardo con Bothwell y hablaba de la prima de María, Isabel, que era nada más y nada menos que la reina de Inglaterra, hija de Enrique VIII. Contaba los problemas entre las dos como si fueran chismes de primas que vivía en la misma casa de María Pennel. Un día, María Pennel murió.

En casa de los tíos Ventura y Bitín había nevera. Se abría por arriba, en casa de los abuelos Despradel Brache también había una nevera de ese tipo. En ambas casas se cocinaba con carbón. A propósito, de todas las casas que he mencionado, las cocinas eran parte de la casa. No estaban separadas de la construcción principal de la vivienda, como se usó por mucho tiempo en las casas dominicanas.

Como de costumbre, yo era la niña linda de esta casa, como lo fui en la casa de los tíos Mery, mi madrina, y tío Luis Enrique, que tampoco tuvieron hijos. Por muchos años, me pasaba los domingos con ellos. A tío Luis Enrique no le gustaban los muchachos y siempre decía: "traigan a Naya Margarita, pero a los otros, no". Se refería a mis hermanos Luis Antonio y Chello, pero también a todos los otros sobrinos. Hasta que un día, sucedió algo insólito. Tío Luis Enrique, dando órdenes y amonestando a los párvulos, extendía el dedo índice de la mano derecha y decía: cállese, siéntese. Uno de los sobrinos de unos 8 o 9 años de edad, en el momento que el tío extendía el dedo, se abalanzó sobre él, y se lo mordió. Qué vergüenza para la prima, María Estela Despradel Rodríguez, madre del mordedor.

Como ya he dicho, la tía Bitín fue profesora, toda la vida, en el bachillerato en el colegio de las monjas, lo que quiere decir 20 o 30 años. Tan pronto ella misma terminó el bachillerato, se inició en el magisterio. Como era una persona de combate, alrededor de los 60 años (tengo que verificar, pero 60 es una buena aproximación), decidió estudiar una carrera universitaria, lo cual hizo en la UNPHU, y se graduó con honores. Muy orgullosa, recibió su diploma de licenciada en educación.

Según las historias familiares que escuché, alguien había matado a un hermano de tío Ventura, y un día, tío Ventura se encontró con el matador de su hermano, y lo mató, por lo que guardó cárcel varios años. Ya tenía amores con la tía Bitín, quien esperó un tiempo, no sé si varios años para que lo liberaran y entonces se casaron, a principios de los años 40. Dicen que a consecuencias de este suceso, tío Ventura desarrolló una depresión. Periódicamente, recibía ayuda psiquiátrica, pero su mayor sostén era la tía Bitín. Siendo yo adulta, muchos años después de mis vacaciones en La Vega, algún familiar murió y mi esposo Rafael y yo fuimos a ese pueblo a dar el pésame. Luego de esto, pasamos por la casa de la tía Bitín a saludar a los tíos, y tuvimos una conversación familiar como era costumbre. No sé cómo surgió el tema, pero terminamos hablando de las depresiones. Tío Ventura era el que más hablaba y decía que la depresión era un problema porque las personas que no son depresivas no entienden a los depresivos. No entienden que es una enfermedad. Yo, que he ido poco a terapeutas en mi vida, me han diagnosticado que no soy depresiva, así que no entendía mucho al tío Ventura, pero su comportamiento me preocupó hondamente. Llegué a la capital y enseguida llamé a la tía Olga, que a pesar de que era una de las hermanas más pequeñas, era la que se encargaba de la familia, porque los hermanos mayores habían envejecido o habían muerto. El caso es que la tía Olga llamó a La Vega, al psiquiatra que atendía al tío Ventura y nuevamente lo sometieron al proceso que se consideró oportuno.

Pocos años después, el tío Ventura llamó a un compadre suyo, Abraham Tabar, y le dijo que se iba a suicidar. El compadre salió corriendo para la casa del tío, en carro, ya era normal tener carro, fue quizás en los años 80, pero llegó tarde. En las dependencias que antes había ocupado María Pennel, que ya había muerto y donde tío Ventura había mudado su oficina, puso una alfombra en el suelo y se pegó un tiro. Falleció de inmediato.

La muerte del tío Ventura causó un efecto devastador en la tía Bitín. Ella no tenía de quién ocuparse, ya no era la señorita Bitín que ordenaba y mandaba y que mantenía vivo al tío Ventura. Ahora era Bitín Despradel viuda Brache. La tía Bitín se derrumbó, a tal punto que sus hermanas Mery y Olga que vivían en la capital, se la trajeron a vivir aquí. Nunca volvió a ser igual. Fue entristeciéndose, desgastándose, medio perdida en el tiempo y en el espacio, había perdido aquello que le daba fortaleza, había perdido todo deseo de vivir, hasta que murió. Falleció un día que había algún problema de movilizaciones en el país, y no pudieron llevarla a La Vega para enterrarla. Está enterrada en la capital, muy lejos de aquel a quien esperó por varios años para estar con él.

La historia de este suicidio no termina ahí. El primo Luis Manuel Despradel Morilla, de La Vega, abogado también, persona culta, un gran conocedor de su profesión, cariñoso, simpático, siempre tenía algún comentario jocoso que hacer o recordar una anécdota graciosa, era el amigo más cercano que tenía el tío Ventura. Al momento del suicidio de éste, Luis Manuel se enojó. No perdonó a tío Ventura por el acto. Se quejaba de que ellos tenían un pacto suicida y que tío Ventura se había adelantado sin avisarle. Meses después, Luis Manuel cumplió su parte del pacto y también se suicidó.

Siguiendo con La Vega y el tío Fafo, ya he dicho que se casó con la tía Ligia, que vivían en la misma casona que he descrito, y que tuvieron cuatro hijas.

Los Despradel Brache eran fuertes, y hacían alarde de ello. Es famoso que un toro embistió al tío Fafo y le propinó una cornada terrible. El tío, herido, lo tomó por los cuernos, y lo dominó. La cicatriz que tenía el tío en el torso era inmensa. El tío Fafo se ocupaba de los sembradíos de la familia, porque el abuelo ya no tenía edad para esos menesteres. El tío iba todos los días al pueblo a hacer diligencias y a visitar a sus amigos, los chinos Santuán y Win Sang Lon. Iba en caballo (su caballo se llamaba Duque), los que se amarraban en argollas que había en los bordes de las aceras, las que yo llegué a ver. Pero, la abuela, mamá Lola, quería que su hijo estudiara, lo cual hizo el tío Fafo. Se graduó de abogado y el título se lo regaló a su mamá y se dedicó al campo, que era lo que le gustaba. Cuando llegaba a la casa, siempre llevaba uno de los ricos pasteles de crema (*pie* de crema) que hacían sus amigos chinos.

Y como los Despradel Brache eran cuentistas, les encantaba referir asuntos simpáticos de ellos mismos, algo más Brache que Despradel. Siempre se hacía la historia de que cuando nació una de las hijas del tío Fafo, que tenía la cuna en el mismo dormitorio de sus padres, lloraba una noche sin parar. La tía Ligia le cantaba, la paseaba, y la niña no paraba. La tía Ligia, extenuada, increpó al esposo diciéndole: "cárgala un rato a ver si se calla. Total, ella es mitad mía y mitad tuya". La respuesta masculina inmediata fue de: "carga tú tu mitad para que se calle y deja la mitad mía que llore".

Luego de los tíos Ventura y Bitín irse a vivir al pueblo, llegaron a la casona de Palmarito los tíos Naya y Héctor, quienes tampoco tenían hijos. El tío Héctor era un abogado litigante, muy inteligente, culto, heredero de la sapiencia de su padre, un conocido abogado del Cibao llamado Juan José Sánchez. La mamá de tío Héctor era una maestra, doña Adela Morcelo, que siempre tenía un cuento de sus alumnos, y refería que en una ocasión preguntó cuáles eran los tres padres de la patria, y que alguien contestó: "Juan, Pablo y Duarte". En otra ocasión preguntó cuáles eran los poderes del estado y la respuesta esta vez fue de que eran el "Legislativo, el Judicial y el Jocotutivo".

Tío Héctor tenía su bufete en el pueblo. Para sus funciones, vestía elegantemente. Era alto, delgado, bien formado y la ropa le sentaba exquisitamente bien. Para trasladarse a su oficina, utilizaba su carro que era un Chevrolet, grande, dorado, muy de acuerdo con su personalidad. No recuerdo haberme montado en ese carro, porque él lo utilizaba para ir y volver del trabajo y cuando llegaba a la casa luego de la faena del día, no salía. Ya no era el temido litigante, se quitaba el flux de licenciado Héctor Sánchez Morcelo. Se ponía su piyama, una bata por encima, se convertía en el tío Héctor, y se sentaba, por supuesto en la galería, a jugar cartas con los sobrinos, mis hermanos, yo y las tres hijas de tío Fafo. Era divertidísimo, se reía estruendosamente con una risa que le salía del alma. Era momento, además, de aprender. Preguntaba el significado de alguna palabra utilizada, nos hablaba de libros interesantes, de temas humanos. Es decir, jugaba con nosotros y nos enseñaba.

Luego de un tiempo, estos tíos hicieron su propia casa. No sé quién la diseñó, pero era preciosa. Tenía piscina, y un gran jardín. Estaba en un lugar que le dicen "El Manguito", en la carretera Duarte después de pasar la casa de los abuelos, y tío Héctor decía que la casa se llamaría Rancho Macaco, nombre que no sé si le pusieron. Recibían a menudo a todos los sobrinos, amistades, profesionales o políticos de la época, aunque se hablaba muy poco de este último tema. Eran tiempos de Trujillo. Recuerdo que una noche invitaron a un político trujillista, que ocupaba no sé qué cargo en el gobierno, llamado Julián Suardí. Buscando datos de por qué recuerdo tan vívidamente esta situación, es porque en ese momento yo tenía 15 años, es decir, con edad suficiente para entender y recordar ciertas cosas. Yo estaba cenando con ellos, con el invitado y los anfitriones, tío Héctor y tía Naya. De repente, el tío Héctor le preguntó al señor Suardí: "amigo, ¿y qué fue lo que pasó en el Matum?". Suardí respondió que en ese hotel, hubo una reunión de abogados donde no se había mencionado a Trujillo. Fin de la conversación. No hubo más peguntas ni otros comentarios. Después aprendí que no era que se había mencionado en mal el nombre de Trujillo, sino que no se había mencionado. Era una reunión para celebrar los 40 años de ejercicio de Federico Carlos Álvarez Perelló, y la dedicatoria había estado a cargo de Eduardo Sánchez Cabral, quien entendió que era una actividad estrictamente profesional, no política, y no se mencionó el nombre del Benefactor de la Patria, Padre de la Patria Nueva, etc., etc. No pasaron 24 horas, cuando ya el Perínclito se había enterado, se sometieron a la justicia a Sánchez Cabral y a Álvarez Perelló, los despojaron de su titularidad como profesores de derecho, se sucedieron los foros y se averiguó cuáles abogados habían asistido y muchos pasaron momentos verdaderamente desagradables. Esto fue en agosto de 1955, y pude presenciar este encuentro con Suardí porque yo estaba de vacaciones. Los tíos Naya y Héctor era quienes nos llevaban a la muchachada a los bailecitos en el Country Club Angelita, que era el club social de la época. Pero el tío Fafo nos llevaba al mismo club cuando había competencias deportivas, especialmente voleibol. Era famosa la inquina entre los equipos de La Vega y de Santiago, y muchos de los encuentros terminaban a sillazos. El tío Fafo invitaba de vez en cuando a los jugadores de La Vega a que tuvieran un día de campo en Palmarito.

Dije que los tíos Sánchez Morcelo-Despradel no tenían hijos, pero esto es cierto en parte. Tía Naya no tenía hijos, pero tío Héctor sí. Los conocí justamente en esta casa, donde llegaron ya grandecitos, aunque niños. Eran Carmen, Junior y Margarita. Tía Naya los trataba como si fueran sus hijos, aunque terminaron viviendo aparte. Los vi muy poco después.

En cuanto a tía Naya, sé que tuvo aproximadamente seis embarazos, pero que no los conservaba. Me he preguntado si es que acaso ella tenía Rh negativo, problema cuyo protocolo de atención no se conocía en esa época, y por eso los perdía. Me pregunto si igual pasó con la tía Bitín, que concibió y los perdió, y con tía Mery que no sé sí concibió, pero que no tuvieron hijos. La pregunta me la hago porque yo tengo Rh negativo, y no sé si lo heredé de la familia de mi papá. Muchos años después, los tíos Héctor y Naya vinieron a vivir a la capital. No sé qué pasó, pero tío Héctor fue a parar a La Victoria, la famosa cárcel de este país, donde iban a parar delincuentes y muchos que a Trujillo no le gustaban. Tía Naya pasó muchas penurias, pero sobrevivió y eventualmente liberaron al tío.

Pasando el tiempo, mucho, la tía Naya enfermó de arteriosclerosis, condición que sufrieron muchos de los Despradel Brache, y los Brache mismos. El tío Héctor la sobrevivió por un tiempo, hasta que se le detectó un cáncer terminal de pulmón. Era un fumador de varios cigarrillos diarios. En su fase final, lo internaron en una clínica de la capital, y mi hermana Chello fue a verlo. Luego de esa visita, mi hermana me llamó y me dijo que tío Héctor quería verme, deseo que cumplí de inmediato. "Salchichón, qué bueno verte, bla, bla…" "¡¡¡No quiero morir sin fumarme un cigarrillo!!!" Salí de la habitación y me dirigí a un grupo de personas que estaban reunidas en una salita y pedí que si alguien me regalaba un cigarrillo y una caja de fósforos, lo que de inmediato apareció. Volvía a la habitación de tío Héctor con su deseo complacido. Los puse debajo de la almohada diciéndome que ahí no registrarían las enfermeras. Tarde en la noche, el tío Héctor se fumó su cigarrillo. Poco después, murió. Al otro día, en el entierro, todo el mundo comentaba del "cigarrillo que había matado a tío Héctor". Yo, por supuesto no dije que había sido yo. Nunca lo dije, hasta este momento. Pero, si yo estuviera en esa posición de nuevo, volvería a hacerlo. Él se iba a morir esa noche, con cigarrillo o sin cigarrillo. Lo mató el cáncer, no ese último cigarrillo.

La casa del bisabuelo San Julián Despradel

Mi bisabuelo, San Julián Despradel, vivía en la calle Manuel Ubaldo Gómez. Que yo recuerde, lo vi una sola vez en mi vida. Fue un día que fui con mi papá y mi mamá. Él estaba sentado en un sillón de madera, un haragán, en la acera. Era ciego y, según me dijeron, tenía 106 años. No sé si era IMPONENTE o si me lo pareció. En la familia se hablaba de él con mucho respeto y en todo el pueblo también. A la bisabuela Josefa Piantini no la conocí, pero había un cuadro inmenso de ella en la sala de la casa. Luego ya yo adulta pregunté por dicho retrato a ver si me lo daban, pero me dijeron que se había destruido.

Una vez, en el cementerio de La Vega, junto con las primas Despradel Rodríguez, encontramos la tumba del bisabuelo, cuyo nombre completo era San Julián Despradel Carlos. Creo que ahí estaba enterrada la bisabuela Josefa. Las primas Despradel Rodríguez me hicieron esta historia: una vez estaba llegando a Puerto Plata un barco con unos inmigrantes italianos y el bisabuelo observaba a los viajeros que llegaban. Divisó a una joven, le dijo: "contigo me voy a casar". Era Josefa Piantini. Pero, buscando la genealogía de los Despradel, veo que Josefa Piantini había nacido en 1853 en República Dominicana y que su segundo apellido era de la Paz. Así que la historia del barco era muy bonita, pero parece que no era cierta.

Creo que el bisabuelo murió en 1946, así que debe haber sido ese año cuando lo vi.

En alguna biografía que leí acerca de él, indican que él era platero y eso me lleva a pensar que unos cubiertos de plata que tengo, fueron quizás hechos por él, porque tienen en el anverso unas iniciales de "SJD", San Julián Despradel.

En esa casa vivían sus hijos Terina, Frique, Negra, Josefita y Tina. Ninguno de ellos se casó. Entiendo que Frique era músico y sastre.

Terina, en realidad, era Vitorina, la mayor y ciega también. ¿Diabetes? Nunca averigüé. Terina crió a mi papá y los cuentos eran de que ella le limpiaba las nalgas con muselina blanca. Mi mamá tuvo un primer embarazo que perdió, una niña, y su nombre iba a ser Vitorina. Me cuentan que mi mamá sufrió mucho con ese embarazo y que le ponían enemas de láudano. Quizás esta experiencia fue que motivó a mi papá a buscar a un médico que le hiciera la cesárea a mi mamá cuando el nacimiento de mi hermana Chello. El caso es que los recuerdos que tengo de Terina es ya de una persona mayor. Si el bisabuelo tenía 106 años, la tía fácilmente tendría más de 70.

Le seguía la tía Negra. Acabo de darme cuenta de que nunca supe su nombre real. También era mayor, y siempre estaba en la cocina.

Después estaba Tina. La vi solamente una vez en mi vida. La tenían encerrada en una habitación, a oscuras. Tenía un problema mental que según me contaron, un soldado norteamericano, cuando la ocupación de 1916, la había violado y perdió la razón. Hablaba sola constantemente. Le daban su comida diariamente y la aseaban. De esto se ocupaban las tías Negra y Josefita. El día que la vi era que la habían sacado de la habitación y estaba barriendo la calzada de la casa. En realidad, era lo que se dice una loca mansa.

Josefita era mucho más joven. Se levantaba de madrugada y atendía un puesto de leche de los que había en esa época. Regresaba temprano a la casa. Cocinaba, cosía y mandaba. Se hacía lo que ella decía. Era hija de Papá Yan, mi bisabuelo, pero no de la bisabuela Josefa. De todos modos, Josefita siempre vivió con su papá. La comida era sencilla, pero excelente. Pollo guisado y moro de habichuelas negras, mitad arroz y mitad trigo. Yo lo hago a menudo. Arañitas de yuca.

En la casa, toda de madera, había un baño, al que yo nunca fui. Cuando dormía allá, me ponían una bacinilla, y me bañaban en una habitación, en una batea, con agua tibia en un cubo que me llevaban. Me bañaban Negra y Josefita.

En unas vacaciones que estuve con ellos como una semana, Josefita me hizo cuatro vestidos. Fue en 1949. Uno, era un vestido de crespón, color rosa viejo muy pálido, con un cuello de encaje. Era precioso. Recuerdo todos estos detalles, porque en 1949 fue que se casaron los tíos Carmen y Álvaro, y en una foto que yo tengo de ellos saliendo de la iglesia, yo estoy detrás con ese vestido. Josefita cosía en una máquina "Singer" de cadeneta, manual, la cual yo conservo como también guardo la de mi abuela materna, Yeyé.

En la casa del bisabuelo Yan había una mata de carambola y hacían dulce de esa fruta. Siempre había un frasco de ese dulce para mi papá. O se lo daban cuando él iba a la casa, o se lo mandaban en un carro de línea. Ha sido tan importante ese dulce en mi vida, que cada vez que consigo dicha fruta, hago un dulce con ellas.

Frente a la casa de mi bisabuelo vivía la familia Ramírez. No recuerdo el nombre del dueño de la casa, y creo que la esposa era doña Ana. En esa casa, que era grande, de concreto, con piso de lozas, me trataban como familia. Me invitaban a almorzar, y la cocina me llamaba la atención. Tenía en el piso una cobertura de algo que yo no conocía. Aprendí que se llamaba linóleo y que se usaba como protector del piso. Tenían una hija que se llamaba Josefina, le decían Fifa, que era mi amiguita. Era un poco mayor que yo y muy delgada. Esta delgadez siempre fue una preocupación para Fifa, y una vez que la vi muchos años después, estaba extremadamente gorda. Pero no estaba contenta. Pensaba que todavía debía aumentar unas libras.

En esa misma calle, estaban la farmacia de Gassó y en diagonal, la Casa Elba, donde vendían encajes y botones, y cosas por el estilo. Los dueños eran don Miguel y doña Aurelia Beras, y tenían dos hijos. Elbita, mucho mayor que yo, y Jochi, un poco menor. Desde que yo llegaba a la casa del bisabuelo, los Beras iban a verme o yo iba a visitarlos. Después vinieron a la capital y nunca volví a verlos.

Al doblar de la casa de los Despradel Piantini estaba el cine Rívoli, donde fui muchas veces. No había aire acondicionado y hacía mucho calor. La tía Bita siempre nos decía que al salir del cine, debíamos cubrirnos la nariz y la boca con un pañuelito, para que el aire frío de la intemperie no nos hiciera daño. El tío Ventura, aún con el calor en el cine, iba de saco y corbata. Tía Bitín elegantemente vestida, igual que nosotros. Había que vestirse formalmente para ir al cine.

Había otro hijo de mi bisabuelo, Ramón, al que yo nunca conocí porque había muerto antes de yo realizar mis periplos por La Vega, pero estaba casado con la tía Luisa Fernández, y visité su casa asiduamente. Tenían tres hijos. Gisela, Zaida y Ramón Julián. Eran mucho mayores que yo, así que me trataban como si fueran mis tíos y no mis primos. Vivían en la calle de la Iglesia, al doblar de los Espaillat Brache. Me encantaba visitarlos, porque por las noches me llevaban a la retreta, lo que era muy divertido porque se conocía a la juventud de la época. Yo tenía una melena bastante larga, y un día, una persona, un señor, me llamaba con insistencia, por detrás, pero no me daba cuenta de que se estaba dirigiendo a mí hasta que me alcanzó, me tocó, me paré y me dijo: "Olga, ¡no sabía que estuvieras en La Vega!". Cuando me vio bien, me pidió excusas, y me dijo "perdón, ¡es que la confundí con Olga Despradel!". Mi respuesta, obvia, fue de que no se preocupara porque Olga era mi tía. Entre los Despradel siempre han dicho que me parezco a la tía Olga, en físico y en gestos y creo, a mucho orgullo, que es verdad. Siempre he admirado a la tía Olga por su belleza, su serenidad, y su cultura. Era una lectora voraz, hablaba inglés y francés, educada, cariñosa, y fue quien me mandó los 50 centavos en mi primer año para que me hicieran un bizcocho. Luego la vida haría que la admirara aún más, lo que narraré más adelante.

Escribiendo estas líneas me he dado cuenta de que la comida ha sido importante en mi vida. Relaciono un plato con una situación, con un familiar, con un conocido, y con la tía Luisa relaciono al mangú con unas salchichitas guisadas, estilo las "Jajá" que en ese entonces no existían, pero que se asemejan. Todavía, de vez en cuando, como salchichas guisadas con mangú.

Visitando a los Despradel Fernández, conocí a un señor Gómez, me parece su nombre era Cristóbal, y a su esposa, cuyo nombre creo era Francia, eran los padres de dos varones cuyos nombres no recuerdo, y de Trini. Trini y yo éramos de la misma edad, y nos hicimos muy amigas por muchos años. Los Gómez tenían una casita en Bayacanes, y muchas veces me invitaron a pasar el día con ellos y nos bañábamos en el río. En varias ocasiones, Trini pasaba algunos días en mi casa de la capital. Para los 15 años de ella, me invitó a ser una de sus 15 damas. La fiesta fue en el Casino de La Vega, y me llevaron mis abuelos, que nunca salían de noche, que raramente se vestían de gala, pero tenían que acompañar a su nieta a la fiesta. Hace unos días encontré el recordatorio de la celebración, donde estábamos reseñadas las 15 damas con nuestros acompañantes.

Chicki Martínez S.	Jossy Martínez S.
Naya Despradel D.	Papy Matos C.
Antonia Font R.	Martín Moya C.
Rosa E. Gamundi G.	Marcos Taveras B.
Gilda Rodríguez G.	Willie Lithow G.
Maritza Gómez G.	Frank Lamarche
Liliana Gómez	Luis Sánchez D.

Luisa Gómez J.	Alejando Herrera
Emilia Córdova A.	Miguel A. Pérez A.
Milagros Jiménez	George Rodríguez G.
Cesarina Sánchez A.	César Abreu F.
Socorro Galán C.	Jesús R. Gómez G.
Doris Robiou M.	José A. Rivas G.
Nelsy Espínola G.	Fausto Sicard hijo
Triny Gómez M.	Abraham Canaán hijo

Mis padres y Gisela se tenían un especial aprecio, y muchas veces Gisela vino a la capital a casa de mis padres. En una ocasión, Gisela quería hacerle un cariñito a mi mamá para agradecer la hospitalidad. Yo debía tener 15 años. Fuimos a la Avenida Mella, y después de observar varias opciones, Gisela se decidió por un cuchillo de sierra para el pan. Ese cuchillo mi mamá lo usó por muchos años, y me lo dio cuando yo me mudé a Julieta en 1972. Se cuidaba como un niño. Solamente se utilizaba para cortar pan, y cuando yo lo recibí, parecía acabado de comprar. En mi casa se siguió con la rutina del cuido pero, un día que había unos trabajadores en mi casa instalando unas puertas, no encontraron mejor instrumento que el cuchillo. Lo usaron, lo rompieron y lo escondieron. De eso puede hacer 30 años, y cada vez que corto pan, pienso en ese cuchillo. He tenido otros, buenos, pero no como el que Gisela le regaló a mi mamá.

Después, la tía Luisa vino a vivir a la capital, nos veíamos de vez en cuando, hasta que dejamos de vernos. Un día, siendo mi hijo médico del hospital de maternidad de la capital, le tocó evaluar a una doctora. Era una hija de Zaida. Se identificaron por los segundos apellidos Despradel de ambos. Me faltan los Despradel Batista. Conocía a la tía Sofía, que vivía al doblar de la casa de mi bisabuelo. La tía Sofía era la viuda de un Despradel, creo que Anacleto, y sus hijos eran Guido, Hugo, Pichuca, Ada y Palmira. No sé el orden de edad de estos primos. A los cuatro primeros, no los traté en La Vega sino en la capital. Y los dos primeros eran especialmente cercanos con mi papá. Eran más que primos, eran verdaderos compañeros.

La tía Palmira ha tenido gran significación para mí, de admiración, porque era maestra de primera infancia, de alfabetización, y ella no sabía ni leer ni escribir... Y ¿cómo hacía su tarea? Todos los días, Rafael Molina Morillo, el conocido abogado y periodista, pasaba por la escuelita, tía Palmira lo llamaba para que les pusiera la plana del día a los niños.

Y la comida de esta familia, de tía Sofia, eran las panelas, que son un dulce de leche trenzado, que ella las rellenaba de ciruelas o de guayaba. Cuando veo ese dulce en la actualidad y lo pruebo, no tienen nada que ver con el que hacía la tía Sofía.

De los Despradel Brache me faltan algunos, pero no los traté en La Vega. Los traté en la capital, así que seguiré con mis experiencias veganas.

Los Espaillat Brache. ¡Qué casa tan memorable! No logro evocar el nombre de la calle, pero al fondo estaba el cuartel de bomberos, y en una ocasión, enfrente, estuvo un restaurant llamado Itermezzo, que yo recuerdo.

Era una casa de puras mujeres. Por supuesto, la más característica era la tía Rhina, de quien ya he expuesto algunas pinceladas. Era culta, inteligente, simpática. Su risa la guardo en el corazón. Cómo me gustaba pasar algunos días allá, a pesar de que en alguna ocasión me hicieron beber un purgante de leche de magnesia porque no me sentía bien del estómago. La tía Gachén, Graciela Brache, hermana de mi abuela, disolvió una cucharada en un vaso enorme de agua y me lo hizo beber. Recuerdo que eran unos vasos con un pie, que parecían una copa grande, tallado, muy típico de la época.

La tía Gachén era simpática. No sé cuántos años tendría porque como era característico, se peinaba con el mismo moño que mis abuelas. Sí recuerdo que tenía unos pelos gordos en la barbilla, que pinchaban cuando le daba un beso a uno. Estos pinchazos me han marcado de tal manera que cuando me ha tocado a mí tener esos pelos gordos en la barbilla, me los saco todos los días. Para eso tengo pinzas en la mesita de noche al lado de mi cama, tengo pinzas en las carteras, en un bolsito que tengo en la oficina, y esa pinza es lo primero que empaco cuando voy a salir de viaje. Bueno, en realidad, es lo segundo, porque lo primero que empaco, y lo pongo en la cartera, jamás en una maleta, son las pastillas de la presión. Soy hipertensa, y mi papá y muchos de mis tíos, han sufrido derrames cerebrales o se han vuelto dementes, seniles, o arterioescleróticos, que era lo que se llamaba antes a lo que ahora se denomina Alzheimer. Antes no se conocía este término.

En esa casa vivía también Cancán. Carmelita Brache, hermana de mi abuela. Simpática, añosa. Tenía una habitación cubierta de imágenes de santos, habitación que compartía con la tía Gachén. Cancán era muy rezadora. Cuentan que una vez, siendo joven, le pidió algo a un santo, que no se lo concedió y metió la estatua del santo en una tinaja. También cuentan, eso lo oí de referencia miles de veces en mi vida, pero no lo viví porque sucedió cuando la tía era joven. Pues bien, el cuento es que en una ocasión la tía Cancán estaba en el parque, disfrutando de una retreta. Se armó un lío entre los músicos porque supuestamente uno de ellos se había tirado un follón. Todos se acusaban y se peleaban. Entonces surgió el Chapulín, la tía Cancán. "Señores, no hay por qué pelear. La del follón he sido yo". Fin del evento. Todo en paz.

Mamá Pincha. La conocí ya de verdad entrada en edad. Era Polimnia Brache de Espaillat. Otra hermana Brache y madre de la tía Rhina, de Diana; tía Violeta, Manolo y Homero. Había sido una comadrona muy conocida, y trajo al mundo muchos niños. Al lado de la casa, tía Rhina tenía un jardín precioso, con muchas flores, y en un lado, había hecho una rústica caseta donde todas las tardes sentaba a mamá Pincha. La tía Rhina, que siempre tenía algo que hacer, era maestra a tiempo completo, se sentaba con su mamá, y los visitantes del momento, y hablaba de sus experiencias de vida.

En una de esas tertulias en el jardín de su casa, dijo que iba a poner una escuela, donde se implementaría el método

Montessori, y nos explicó en qué consistía ese método. Yo quedé fascinada. Instaló la escuela y fue la primera en el país en instituir el método de enseñanza indicado.

Me encantaba escuchar sus historias de vida, como la que refería que una vez, estando ella en París, (¡ella viajaba fuera del país! ¡Extraordinario! ¿Quiénes viajaban fuera del país!? Muy pocos. Además ya les dije que ¡hablaba inglés y francés! ¡Qué personaje!), pues bien, estando en París, compró temprano en la mañana unas boletas para ir al teatro. La Segunda Guerra Mundial acababa de terminar. Cuando fue al teatro por la noche, las boletas habían aumentado de precio. La inflación era galopante. La tía no tenía para pagar la diferencia, hasta que el encargado del teatro se presentó y dijo "pase usted, señorita. Usted está interesada en arte, tan poco usual en estos tiempos. Pase usted." La tía Rhina disfrutó de su espectáculo y contó y recontó esta historia. Para coronar la personalidad de la tía Rhina, se cuenta que en los años 60 ¡compró un pasaje para cuando hubiera viajes a la luna disponibles para clientes!

Entre las conversaciones en el jardín, la tía Rhina nos indicaba que su vida tenía "una sílaba definida" y otra "sílaba indefinida". Estaba en una encrucijada. Resulta que la sílaba definida era "ca-", la indefinida era "-sa", o "-rro". Es decir, hacía una "ca-sa" para reemplazar la de madera en la cual vivían o compraba un "ca-rro". Se decantó por el carro. Compró el carro, y le escribió una carta muy sustantiva al presidente de la República del momento, Héctor García-Godoy, a quien tía Rhina conocía muy bien, para que le exonerara los impuestos. El presidente le contestó que aunque hubiera querido hacerlo, la ley no se lo permitía. La respuesta de tía Rhina fue: pues paga tú los impuestos, y, don Héctor, muy amablemente, ¡los pagó!

El famoso carro, tía Rhina aprendió a manejarlo ella sola, con ayuda de un manual. Cuando iba manejando, sacaba una mano por la ventanilla y gritaba "¡quítense, que voy pasando!". La decisión de comprar el carro pareció a todas luces lógica, porque a sus casi sesenta años, relativamente de mucho peso, se transportaba en bicicleta, con unos mocasines negros, con medias turistas y con falda. Y su definición o indefinición a través de las sílabas, se experimentó en mi casa con mi hijo José Rafael. La definición venía por -cina. La indefinición con co- o medi-. Se decidió por medi-cina y su hobbie es la co-cina. Total, definió a su entera satisfacción las dos indefiniciones.

En la casa de tía Rhina, que supongo era de las Espaillat Brache, pero tía Rhina era la ejecutiva, había un retrato de una jovencita de la cual tía Rhina siempre hablaba en términos muy encomiables, diciendo lo inteligente que era. Resulta que era Rhinita Espaillat, hija de Homero, y vivía fuera del país. Confieso que siempre me dio envidia cómo tía Rhina alababa su inteligencia, y siempre quise que la tía Rhina hablara igualmente de mí. El retrato, enmarcado, con una cadenita, estaba colgado muy alto en la pared, como era la usanza de esos días. En las casas no había muchos cuadros artísticos, pero sí retratos.

Al cabo de muchos años, tuve oportunidad de conocer a la prima Rhinita. Intelectual muy destacada en Estados Unidos, donde ha recibido premios y condecoraciones. Perfectamente bilingüe, habla un español con acento dominicano, con giros dominicanos, y con sentimiento dominicano.

Cuando yo me quedaba en esa casa, la tía Rhina me daba su habitación. Tenía una cama grande de hierro, con un colchón muy mullido, y unas sábanas blancas impecablemente limpias y olorosas. Qué rico era dormir en esa cama. Me sentía una reina...

Tía Rhina y mi papá tenían una relación especialmente cariñosa. Tan pronto llegábamos a La Vega, la visita a la tía Rhina era obligatoria. En 1970, mi papá estaba enfermo, en reclusión, y la tía Rhina quería venir a verlo y como una gracia, quería traerle un racimo de plátanos. Para ello, se fue a la carretera a comprarlos a uno de los marchantes que todavía existen, y en ese momento un carro que pasaba atropelló a la tía, la arrastró y quedó muerta instantáneamente. Después he confirmado el dato de que la muerte de tía Rhina no ocurrió en 1970, sino en 1979, por lo que, evidentemente, no venía a ver a mi papá. Pero sí sigo pensando que venía a la capital a ver a un pariente, y ahora pienso que pudo haber sido visitar a la tía Mery, que estaba en cama, por un problema en las rodillas.

Siguiendo con las características de los Espaillat Brache, hay que hablar de la tía Violeta. Ya casada, se fue a vivir a San Francisco de Macorís, con su esposo Francisco Berges, pero venía con frecuencia a La Vega, y la conocí muy bien. Ya no me atrevo a decir que era simpática, lo he dicho tanto en este relato que parecerían exageraciones mías, o hacerme yo misma la graciosa, pero la tía Violeta era realmente ocurrente. La verdad, que no tengo la culpa de tener familiares chuscos. Creo que es una bendición del Señor.

Según andaba su hermana tía Rhina con medias turistas, tía Violeta andaba siempre impecablemente vestida, siempre de negro, con medias nylon. Había enviudado cuando yo la conocí. De ella cuentan que en su juventud había sido reina de algo, y que ella se había hecho su propio vestido, de habichuelas ensartadas.

En una ocasión, iban a operar a tía Violeta, y en la clínica, su hermana Rhina la acompañaba. Llegó el médico de los exámenes previos e intentó tomarle la presión a tía Rhina. El creyó que la tía Rhina era la enferma, porque estaba muy sencillamente vestida, y la enferma, tía Violeta, estaba maquillada, peinada e impecablemente vestida.

Tía Violeta (1898-1985), había sido reina del Carnaval de La Vega, recordada por su simpatía y jocosidad. En sus años mozos fue maestra de primaria y tuvo el honor de ser profesora de dos presidentes dominicanos, Juan Bosch y Antonio Guzmán. Hablaba francés e inglés y era profesora de bordado y costura. En 1928, alrededor de los años de su reinado, tía Violeta fue la tercera mujer en nuestro país en obtener el título de cirujano dentista y la primera de El Cibao. En 1943 obtuvo el doctorado en odontología. Se casó con una distinguida persona de San Francisco de Macorís, Juan Francisco Bergés, quien no la dejó practicar. Juan Francisco, diputado y juez civil, era también propietario de una gran finca de café, cuya administración recayó en Violeta a la muerte de su esposo en 1950. Ella montaba a caballo para recorrer la finca y, como ferviente creyente de la educación, se ocupaba personalmente de que los hijos de los trabajadores asistieran a las escuelas; dedicaba especial ayuda a las mujeres solteras en estado y fue una de las propulsoras del desayuno escolar. En 1970 fue designada gobernadora de la provincia Duarte.

Volviendo a las primitas, Rhinita era hija de Homero, a quien conocí aproximadamente en 1961, quizás fue en 1962. Homero había sido exiliado del régimen y se fue a Estados Unidos en 1939. No volvió al país hasta después de la muerte de Trujillo. Vino con su esposa Dulce Batista y su hija Rhinita. Conocí a Rhinita... ella no se acuerda, pero yo sí...

Tía Rhina preparó el recibimiento, medio pueblo asistió a la casa. Cuando Homero llegó a la casa en La Vega, fue al jardín, tomó un puñado de tierra y se lo comió. Esto no me lo contaron, yo estaba ahí. Él había prometido que lo haría el día que volviera a su país.

A la prima Rhinita la he tratado muchos años. Es perfectamente bilingüe. No sé cómo su español es tan dominicano a pesar de haber vivido en Estados Unidos desde los ocho o nueve años de edad. Vive en ese país, viene a República Dominicana a menudo, y es una intelectual muy distinguida. Es escritora, traductora, ha recibido numerosos reconocimientos allá y aquí. No voy a hablar mucho de ella, porque se puede buscar en Internet toda su trayectoria, que es muy amplia. Tía Rhina tenía razón, Rhinita era muy inteligente. He tenido oportunidad de conocerla personalmente, he asistido a sus charlas cuando ha estado en el país, y nos comunicamos con frecuencia por correo electrónico.

Y recuerdo a Violetica, la hija de tía Violeta. Era extremadamente delgada, comía muy poco, lo que causaba la preocupación de su mamá. Ellos tenían buena posición económica, y la tía Violeta se llevó a su hija a Nueva York, a consultar un médico. El médico le dijo que la niña estaba muy mal y que había que internarla. A los tres días, la dieron de alta, curada de la inapetencia. Las instrucciones habían sido que le llevaran la comida a la niña y que si no quería comer, la retiraran de inmediato. Esto sucedió durante tres días, al cabo de los cuales la niña se moría de hambre. ¡Estaba curada, comía! En el 2020, en julio exactamente, me comuniqué por teléfono con Violetica, que tiene muchos años de vivir en Estados Unidos. Qué simpática, amorosa, familiar. Tiene recuerdos muy vívidos de su vida en República Dominicana. Se acuerda de todos los familiares Brache y no Brache. Estuvimos casi tres horas hablando, recordando nuestras vivencias. Muy conversadora. Me dice que se mantiene delgada, pero no tanto.

Un personaje muy curioso era Diana Espaillat. Hermana de tía Rhina, trabajaba con ella en la escuela. Creo que estaba encargada de la seguridad o algo así. ¿Digo que era simpática? Pues sí lo era. Me impactaba porque tenía dientes postizos y al hablar, la caja se le zafaba. Era cariñosa, soltera por supuesto, y siempre me llamaba Margarita Naya Dájer Despradel.

Al primo Manolo no lo vi mucho, vivía en el campo e iba a la ciudad en caballo. Increíblemente en lo físico se parecía a mi papá y a menudo los confundían.

Casa de por medio de la casa de tía Rhina, estaba la clínica del doctor Jiménez María, y luego la casa de los Delgado Malagón. Bueno, vivieron allí después de haber vivido al lado del Casino de La Vega. ¿Por qué meto aquí a los Delgado Malagón? Porque su abuela era Isabel Brache, mamá Chabo, que era hermana de mi abuela mamá Lola, y tanto la primera casa como la segunda las visitaba con frecuencia. Mamá Chabo era muy mayor, arteriosclerótica, salía a la calle y no sabía quién era, la conocí, pero no puedo decir que tuve mucho trato con ella. En realidad, muy poco. Mi relación era con su hija, tía Chabito, mamá de muchos. Ojalá no se me olvide ninguno, no sé el orden de edad: Pedrito, Ozema, María, Angelito, Elías, Margot. Todos muy cariñosos. A unos los traté más que a otros, pero les guardo mucho cariño. Era una casa muy alegre.

Mi relación principal fue con la tía Chabito. La recuerdo en chancletas, con una batola, siempre con un trapo en la cabeza, empapado en berrón. Parece que sufría de jaquecas continuas. Si no es así, a mí me lo parecía. En esa casa, tuve mi primer contacto directo con el arte. Estaba llena de bustos hechos en yeso, que los hacía el primo Elías y estaban diseminados por toda la casa.

Luego se mudaron a la segunda casa, muy linda, que está a una esquina de los bomberos. Creo que vivían todos juntos, hijos casados y solteros. Había mucha gente, con nietos, muchos, me parecían muuuuuchos. Aprendizaje de tía Chabito: "la gente le lava el culo a los vasos cuando los friegan, y lo importante es lavarles la boca". Durante toda mi vida empiezo por estregar muy bien la boca de los vasos al lavarlos y después todo lo demás.

Su hijo Pedrito se casó con Blanca Malagón. Siempre me la encontré bella y bien vestida. A mí me llamaba la atención que la tía Blanca se preocupaba mucho por los detalles de la ropa. Tuvieron varios hijos, algunos de los cuales he tratado ocasionalmente, excepto por su hija Blanquita, Blanca Isabel, cuya familiaridad cultivamos.

Muchos años después, muchos, fui a La Vega y quise visitarlos. La tía Chabito y su esposo Gelo Delgado (Ángel) habían muerto, Ozema había envejecido y estaba encorvada, otros hijos también habían fallecido. Total, que aquella casa llena de gente y de alegría, ya no existía. Pero, aún era de los Delgado Malagón.

Si hago un resumen de las casas mencionadas en La Vega, la hermosa casona de los Despradel Brache desapareció. Ahora hay un terreno que se utiliza para la venta de carros, negocio que se extiende hasta El Manguito, por lo que ocupan el terreno donde el tío y la tía Naya habían edificado su preciosa vivienda. La casa de los Espaillat aún permanece en su sitio, hecha una ruina, y el espacio donde la tía Rhina había construido el jardín lleno de flores es un terreno baldío abandonado. En la casa donde vivía tía Chabito hay un negocio de lo más vulgar, pintado de un amarillo escandaloso. La vida pasa y las cosas cambian. Muchas veces para bien, pero en cuanto a las casas, para mal.

Siguiendo con los Despradel Brache, pero en la capital, debo referirme en primer lugar a la tía Mery Despradel, la hermana mayor de mi papá, casada con el primo Luis Enrique Despradel Pennel.

Vivían en la calle 19 de marzo, creo que número 29, vivienda que visité los domingos por muchos años. Me sorprendía lo espaciosa que era, casi con el mismo diseño de la casa de los Dájer en la calle Mercedes. Parece que era el modelo establecido. Dos cosas me llamaban la atención al llegar: la limpieza y la música clásica. El tío Luis Enrique era un melómano, y siempre había puesto en el tocadiscos alguna pieza clásica desde que se levantaba a las 6 de la mañana.

Yo iba los domingos porque la tía Mery trabajaba de lunes a sábado en la Casa Esteva, y los domingos ella y tío Luis recibían sus amistades, que eran muchas y muy interesantes. Eran intelectuales dominicanos, españoles, norteamericanos, muchos. Arturo Despradel Pennel, hermano de tío Luis; Virgilio Díaz Ordóñez, Almanzor González Canahuate; Amós Sabrás, Amosito Sabrás, y varios norteamericanos con los cuales la tía Olga trabajaba en la Caribbean Motors, siendo que la tía Olga vivía con su hermana Mery, y era casi como su hija.

La Casa Esteva estaba localizada en la esquina norte oeste en la calle el Conde esquina José Reyes y era una de las tiendas más importantes en la venta de electrodomésticos. Vendían las neveras "Frigidaire", que era la que había en mi casa. Aunque luego hubo una "Crosley" que no sé de dónde salió. No había "freezers".

De estos visitantes, Arturo me causaba impresión. Siempre iba con su esposa, la tía Cristina Roques, y una caterva de hijos que tenían: Fidelio, Kanky, Carlos, Martha Amalia y Luis Enrique, conocido como Chite. No conformes con llevar a los cinco hijos, también llevaban a unas sobrinas de tía Cristina, Martha y Faquina Roques, cuyo padre era un exiliado.

De los visitantes españoles, el infaltable era Jesús Hernández López Gil, a quien por la familiaridad, siempre llamamos tío Jesús. La cercanía provenía de que el tío Jesús, refugiado español, residió en casa de mis abuelos en La Vega. La amistad, la lealtad y la solidaridad del tío Jesús duraron hasta que el tío murió, creo que en los años 90.

Tía Mery era una excelente cocinera. Había sido maestra de economía doméstica. Con ella aprendí muchas recetas y siempre la recuerdo por la bella mesa que ponía y los exquisitos menús que elaboraba con los cuales recibía a los visitantes. En la casa Esteva, era la encargada del departamento "Oster", y varias veces la empresa la envió a Estados Unidos a la casa representada localmente a hacer cursos, y luego ella impartía cursos aquí.

La tía Mery era mi madrina y siempre ha ocupado un lugar muy importante en mi vida.

El tío Luis Enrique era medio maniático. No soportaba los niños, siempre tenía un abanico de pajita, recortaba todos los días el periódico, y ya he dicho que desde que entraba la noche, tenía un foco en la mano. Iba todas las tardes al cine, y cuando le gustaba una película, iba todos los días, como por ejemplo la película de ballet "Las zapatillas rojas", que la pasaban en el cine Santomé en la calle El Conde, la cual vio tantas veces que no le cobraban la entrada.

Luego de vivir en la calle 19 de marzo por 20 o más años, en una casa alquilada por la cual creo que pagaban $30 mensuales, los tíos hicieron su casa propia en Naco, detrás de donde actualmente está el Hospital de las Fuerzas Armadas. La casa era grande, pero totalmente inapropiada para personas entradas en años como los tíos. Tenía una sala oscura, un salón de música y para acceder había que subir un escalón. El comedor era el centro de la casa, desde el cual se accedía a los dormitorios subiendo dos escalones. Tenía tres dormitorios, cada uno con su baño. Uno de los dormitorios tenía una pileta romana, de losas, y había que bajar tres escalones para poder manejar los grifos. Sube, baja, sube, baja, increíble que un arquitecto, que no menciono su nombre por no hacerle daño, fuera capaz de diseñar este monstruo para dos ancianos. Por cierto que el baño romano le tocó a la tía Bita cuando ya estaba en sus últimos años, con la mente nublada y con mucha dificultad de movimiento. No sé si tía Olga la ayudaba a bañarse, pero la tía Olga no tenía fuerzas suficientes para manejar a una persona con dificultad de movimientos. La tía Mery, también lúcida, estaba postrada en una cama con un problema de rodillas que le impedían moverse.

En esa casa no había carro. Nadie sabía manejar. El tío Luis Enrique ya no iba al cine por las tardes, la tía Mery vivía lejísimo de su lugar de trabajo y dependía de amigos para llevarla y traerla, y no recibieron nunca más las visitas de los domingos.

En esta morada murieron los tíos Luis Enrique, Mery y Bitín. Por varios años, la tía Olga se quedó en la casa, con su hijo Luichy ya casado y con hijos, y luego la tía Olga se mudó con Luichy a Arroyo Hondo, hasta que murió de una edad avanzada. Su hija María Alicia se había casado con un norteamericano y vivía en Estados Unidos.

Con los tíos Mery y Luis Enrique vivía en la 19 de Marzo la tía Olga, que era soltera. Era secretaria trilingüe, y una lectora incansable. Mientras estaba en la casa, leía acostada y como leía mucho permanecía así por mucho tiempo, costumbre que he heredado. Leo acostada, y paso mucho tiempo acostada. Debe ser algo en los genes, porque mi papá, hermano de tía Olga, decía que él quería hacerle un monumento al que inventó la cama.

Recuerdo que la tía Olga tenía un novio suizo, René, que lo trasladaron para Venezuela y le propuso a la tía Olga que se casaran para irse a vivir en dicho país. Los tíos Luis Enrique y Mery se opusieron al traslado porque temían por su "niña", que iba a estar sola en un país extraño.

Andando el tiempo, la tía Olga ya cuarentona, tuvo otro novio, que quería casarse con ella. De nuevo los tíos se opusieron. Le dijeron que no podía casarse. Tía Olga habló con mi papá quien le dijo que se fuera a nuestra casa y que se casara. Así lo hizo la tía y se casó con Pedro Livio Cedeño, unos años mayor que ella y la tía Olga continuó siendo tratada como una niña. Vivían no lejos de la casa de nosotros y varias veces, en las noches, Pedro Livio dejaba a la tía Olga, que tenía un hijo pequeño y estaba en estado, en nuestra casa y se iba a visitar unos amigos. Le preguntábamos por qué ella no iba con Pedro Livio y nos decía que Pedro Livio iba a visitar un amigo que era muy aburrido y que ella prefería quedarse con nosotros. El amigo era Juan Tomás Díaz y la conversación aburrida era preparar los detalles para el ajusticiamiento de Trujillo. Recuerdo que ya avanzado mayo de 1961, Pedro Livio me regaló una papeleta de $20, que tenía la imagen de Trujillo, y me dijo que quizás era la última vez que vería dicha imagen. No lo entendí hasta 15 o 20 días después, cuando el 30 de mayo. Pensé me lo había dicho porque yo iba a vivir fuera del país.

La niña tía Olga lo pasó verdaderamente mal a consecuencias de los hechos de su marido en relación con el ajusticiamiento de Trujillo, y estuvo detenida por varios meses durante los cuales, a los siete meses, se le presentó parto. Los guardianes de la cárcel y los calieses no querían que ningún médico la atendiera y el doctor Moisés Canario, ginecólogo, dijo que él había hecho el juramento Hipocrático de atender al necesitado, y que si la esposa de un calié necesitaba de sus servicios, él la atendería, así que el doctor Canario la atendió. El doctor Abel González ofreció su clínica para que la atendieran, no obstante ser él un médico militar, y que era el que había embalsamado el cadáver de Trujillo. A la recién nacida, mi prima María Alicia, la recibió mi tío pediatra, médico militar también, Joaquín Dájer Schéker.

Después de la muerte de Trujillo, la niña cuarentona Olga, se vio convertida en una mujer adulta y responsable capaz de enfrentarse con los remanentes del Trujillato, con fiscales y jueces de la época, y con calieses. Cuentan, que en un interrogatorio, alguien del servicio secreto le preguntó a tía Olga si ella sabía que Pedro Livio sería uno de los participantes en el complot y a la respuesta negativa de ella, el que la interrogaba le dijo que cómo era posible que ella no supiera en qué actividad estaba su marido y recibió por respuesta *"y su esposa, ¿sabe que usted es un calié torturador?"*.

Es conocido que Pedro Livio fue de los ejecutados en la Hacienda María y tía Olga crió ella sola a los dos hijos que había tenido, Luichy y María Alicia (bautizada Margarita María, Alicia, Francisca, Altagracia, Pierina, Fidelia del Corazón de Jesús) Cedeño Despradel.

El tío Herman era militar, jefe de un escuadrón de caballería que había cuando Trujillo, y lo mandaron a Chile a estudiar. Allá se encontró con una chilenita que le arrancó el corazón. La tía Irmele Fonck, quien montaba caballo también. Se casaron, y vinieron a vivir a Ciudad Trujillo en una casa en la carretera Duarte donde ahora está el Campus II de la UNPHU. La tía Irmele era muy joven. Creo que tendría 22 o 23 años cuando llegó aquí, y se adaptó de inmediato a este país.

No sé por qué, pero en 1949, cuando nació su primera hija Imgard, conocida como Gugú, destacada bailarina de "ballet", vivían en casa de tía Mery, donde estuvieron varios años, tantos, que tía Mery siempre consideró a Gugú como su hija. Gugú que me perdone si estoy revelando su edad. Después nacieron Herman José, arrocero, que vive en La Vega, conocido por todos como Manito. Luego está Heidi que practica y enseña yoga y un deporte rarísimo, para lo cual se ponen unas batolas negras, una máscara y una especie de espada. El caso es que en una ocasión, en París, Heidi pensó que un hombre la iba a asaltar, lo agarró por un brazo y lo tendió en el suelo.

Con estos primos Despradel Fonck es que mayor contacto tenemos los Despradel Dájer, y muchos de los datos de los Despradel me los ha dado la tía Irmele, quien me ha contado que en La Vega se decía que vivía un norteamericano, a principios del Siglo XX, pero parece que no era norteamericano sino alemán, porque era Herr Krauser. Es posible que fuera Herman Krauser, y de ahí el nombre de tío Herman. Continúan contando que no era un refugiado, sino un deportista, y que Trujillo lo mandó a La Vega para que trabajara deportes con papá Luis con la juventud vegana, que estaba consumiendo mucho alcohol.

De los hermanos de mi papá, me queda el tío Henry, Manuel Enrique Valentín Despradel Brache, conocido como Bueyón. Se casó con una señora llamada Mireya, madre de sus hijos, a los cuales conozco poco. Tin, Hermita y Olguita. Enviudó de Mireya, y se casó con Mireya. Físicamente, eran idénticas. El gusto, y el nombre, es lo que rastrilla...

Biografía de San Julián Despradel, papá Yan (¿Papá Jean?)

San Julián Despradel, unos de los héroes de la Guerra de Restauración de agosto de 1863.

Este venerable soldado fue conocido en La Vega cariñosamente como "Papá Yan".

(Sergia Mercado, Página Retro. El Caribe).

"Nació en Dajabón en 1836, pero al cumplir sus dos años de edad sus padres se trasladaron con él a La Vega donde vivió toda su vida hasta el momento de su muerte, fecha que desconocemos. Realizaba la labor de platería en su propio taller, y a sus 27 años formó parte del grupo de hombres que luchó por la separación del país de la anexión a España, junto a los generales don Marcos Trinidad, Miguel Custodio, José Abreu, Manuel Mejía y Gregorio Luperón, entre muchos otros".

A continuación copiamos textualmente un documento escrito por el señor Jovino A. Espínola Reyes, que narra varios aspectos de la vida de don San Julián Despradel.

"Este venerable anciano de quien la Patria debe sentirse orgullosa, jamás reclamó sus derechos como soldado de la Guerra de Restauración, pues él fue uno de los héroes de la inolvidable noche del 26 de agosto de 1863.

"A los cinco días de esa memorable noche, las fuerzas españolas se vieron obligadas a retirarse de esta ciudad, siendo ocupada por nuestros héroes restauradores bajo el mando de los generales don Marcos Trinidad, Miguel Custodio, José Abreu y Manuel Mejía, seguido apareció el célebre general Gregorio Luperón que se encontraba por la Jagua, sección de esta Común. Lo primero que hicieron nuestros generales restauradores fue la organización de un batallón de soldados disciplinados para lo cual se ofrecieron los hombres de toda la clase social. Fue nombrado capitán el joven Cristóbal de Moya, nuestros soldados, aunque armados con viejos fusiles, estaban desprovistos de municiones, San Julián se propuso fabricar estas municiones, para esto comunica la feliz idea a sus compañeros de arte (platería), que eran los señores Juaquinito Gómez, José A. Persia (Toñé), Esteban Viloria y Jacinto Díaz, para tal finalidad San Julián llevó de su casa al cuartel, leña y una paila en que se fundió el plomo con que estaban confeccionadas las pesas de las plazas del comercio y la carnicería,

también fue utilizado el plomo de los alambiques y todo el que ofreció la gente, el cual alcanzó a más de un quintal... *fundidas las primeras balas, el comercio y todos los cazadores que tenían pólvora ofreciéronla muy entusiásticamente en la que se confeccionaron los primeros cartuchos, bajo la dirección de San Julián, que a éste le había enseñado a fabricar un artillero dominicano (viejo soldado). Una porción de estos pertrechos que fueron los primeros que aquí se fabricaron, los llevó el célebre general mocano Manuel Rodríguez (El Chivo) a la capital.*

"El joven Cristóbal, que comandaba el batallón como capitán, por este otro mérito nombró en este acto imponente, como el caso lo requería, con el grado de sargento primero a Don San Julián, grado que él supo honrar.

"En una ocasión, el sargento Despradel se negó a hacer una patrulla en la cual se tramaba hacérsele una desconsideración, éste fuese a Dajabón en donde prestó muy valioso servicio, peleó mucho en Montecristi y en otros lugares de la Línea Noroestana. Él siempre decía "para servir a la Patria, cualquier lugar me es igual".

"Cuando el prócer Ramón Matías Mella atravesó la Cordillera Central, salió de San Juan para Dajabón, Don Julián le acompañó hasta Guayubín, pues habían sido amigos desde años anteriores; se habían conocido en casa del famoso orfebre Don Cirilo Gratereaux, maestro de San Julián. El general Mella estaba enfermo a causa de haberse alimentado con jengibre durante la travesía; fue llevado a Guayacanes a casa del general Antonio Gómez (Toño), y de ahí a la casa del general Gaspar Polanco que vivía más allá, San Julián volvió de ahí a Montecristi. El general Mella fue llevado a Santiago en donde murió a los pocos días.

"Yo siempre he creído que don San Julián Despradel, el último de los restauradores veganos, es acreedor a una pensión puéstale por nuestro gobierno, ya que hay otros no más meritorios que él, que son bien atendidos; él jamás la solicitaría, pues aún cree ser un hombre fuerte capaz de ganarse la vida, su delicadeza no le permite hacer tal cosa reclamo, pero es mi parecer que el gobierno cuanto antes pensionara como merece

a este héroe, que en la actualidad cuenta con 106 años, para la época de la Restauración, es decir en el 1863, tenía 27 años".

"Entre las muchas cosas que me ha contado este buen viejo, me ha llamado mucho la atención los diferentes sistemas de alumbrados que él ha visto o vivido en el transcurso de sus años, y esto es lo que en esencia me ha movido a escribir este artículo.

"Decíame él, que en su mocedad llegó a ver a la gente pobre alumbrarse con fogatas o hachos de cuaba, que para tal fin tenían una piedra plana (laja), un ladrillo ancho colocado en medio del bohío, en donde era encendida esta madera resinosa, por medio de la cual en la noche podían gozar de la claridad. La gente rica se alumbraba con velas de cera, las cuales blanqueaban y adornaban a gusto, puestas en candelabros o palmatorias de plata, metal plateado o dorado. Los menos pudientes, es decir, los que mediaban entre el rico y el pobre usaban candil o lámpara de aceite de coco o de higuereta, manteca de sebo de vaca, etc. Al que se le apagaba su lámpara o candil, que consistía en una mecha de pabilo de algodón en un recipiente con el aceite, tenía que ir a encenderla en casa del vecino, la más de las veces iban a encenderla a la que había siempre en la comandancia de armas, la cual era muy grande y nunca se apagaba, puesto que siempre tenía suficiente aceite y mechón muy grueso, estaba siempre muy bien atendida. Corrientemente esto le pasaba a la gente que tenían aderezo, el cual consistía en un pedazo de pedernal, un eslabón de acero y un mechón de pabilo de algodón; su funcionamiento consistía en frotar bruscamente el eslabón contra el pedernal, acercando lo suficiente el mechón para que la chispa desprendida incendiara el mechón, de esta manera se hacía el fuego para encender las velas, las lámparas, hachos, etc. Mucho tiempo después aparecieron los fósforos de tablitas, los cuales venían en forma de peine, eran muy peligrosos, pues a veces se encendían solos y despedían un olor a azufre muy desagradable.

"En el 1874, se inició un gran acontecimiento, pues en esa fecha memorable el progresista don Esteban Valencia trajo el petróleo a esta ciudad (La Vega), un farol grande fue instalado e inaugurado en el centro

de la plaza del mercado que dio origen al primer alumbrado público y particular por este sistema en La Vega; desde entonces se generalizó hasta nuestros días, no habiendo hogar que por humilde que sea, ya en la ciudad o en el campo, no tenga un quinqué. Pero como todas las cosas creadas por el hombre evolucionan, éste evolucionó, y en unos treinta y ocho años atrás nuestro H. Ayuntamiento de entonces dotó a nuestro hermoso parque Duarte de un potente alumbrado de manguito o manteles incandescentes por petróleo y aire comprimido, (a estas lámparas se le llamaban farolas). Pocos años después, el licorista puertorriqueño don José García instaló en el "Club Porvenir", más tarde "Club Unión", un alumbrado de alcohol y manguitos incandescentes o manteles a semejanza del de petróleo. Por el 1908 al 1909, vino por primera vez el alumbrado de acetileno (carburo de calcio), más tarde, por el 1915, nuestro alumbrado público de petróleo fue sustituido por alumbrado de gas acetileno, por encargo que nuestro Honorable Ayuntamiento le hiciera al fabricante de aparatos de destilación y de alumbrado de acetileno, don Andrés Teruel, el cual aún reside en esta ciudad; el alumbrado ofrecido por el Sr. Teruel fue a entera satisfacción de la municipalidad de esos días, puesto que era superior al petróleo.

"Cuando en el 1887 quedó instalado el ferrocarril desde Sánchez a esta ciudad, un ingeniero de la compañía ferrocarrilera le encargó a don San Julián, fundir un clavo de plata, el cual fue clavado frente a la estatua del más célebre de los hombres progresistas del Cibao, don Gregorio Riva Fondeur, clavado por el mismo don San Julián. El ingeniero Mr. Rouser le informó a don San Julián que un norteamericano había logrado meter la luz del relámpago a eléctrica dentro de una botella que en materia de alumbrado era la última novedad, que ésta era una verdadera esclava del hombre, pues se manejaba a voluntad, sin necesidad de aderezo ni fósforo, que solo bastaba con apretar un botón y como una sirvienta dócil, aparecía instantáneamente haciendo la noche día, que había sido inventada poco años antes de 1879, por un tal Thomas Alba Edison a quien habían juzgado de loco, pero otros le llamaban el mago de Menlo

Park. A tan gratas informaciones, don San Julián le dijo al ingeniero Mr. Rouser mi amigo... ¡Para mi concepto ese hombre es excepcional, es el más inteligente de este siglo! Años después, el gobierno de Lilís, fue don San Julián a la capital en gira de negocios comerciales y tuvo la feliz oportunidad de conocer el alumbrado eléctrico, que para ese entonces se encontraba instalado en esa metrópolis. Pero no solamente podía quedarse ese gran progreso en la ciudad capital, su difusión se imponía en todo el país; no habiendo ni una sola aldea en el presente que no goce de los magníficos beneficios que nos ofrece la luz eléctrica, aun las carreteras, verdaderas arterias de circulación, en las más obscuras noches, son rasgadas sus tinieblas por los potentes reflectores eléctricos de los automóviles que en todo momento circulan apresuradamente.

"Para terminar este trabajo, debo hacer constar, que este honorable viejo veterano de la Restauración, también ha alcanzado el modernísimo alumbrado eléctrico fluorescente, debido a la genialidad creadora de George Inman, investigador que trabaja en los laboratorios del General Electric Co, situados en Cleveland. En la actualidad, don San Julián cuenta con 106 años, está completamente bien de sus facultades mentales, es un patriota olvidado, tronco de una de las familias más distinguidas del país, es muy inteligente, quiere vivir para admirar el desarrollo de las ciencias en todas sus manifestaciones. ¿Alcanzará otro sistema de alumbrado? No es dudoso, el viejo es de buena madera".

Dr. Jovino A. Espínola Reyes
La Vega, abril – 1942

Nota: San Julián nació en 1841según consta en el acta de nacimiento traducida al español, (aquí incluida), cuando la isla estaba ocupada por Haití.

En 1916, según registros en poder de mi familia, se autorizó a San Julián a omitir el apóstrofe en D´Espradel para tener la grafía que utilizamos sus descendientes.

La tía Naya no tiene quien le escriba, por Naya (Nayita) Despradel

"El 20 de julio de 2003 se hizo una reunión en un hermoso club de La Vega, con un precioso nombre, Club Valle Verde. El sitio es digno de mención.

"Es la segunda reunión de la familia Despradel que se hace en quince años. Éramos más de 200 personas.

"Lógico, en esa reunión se habló de todos los Despradel que se han destacado de una u otra forma. Del origen del apellido Despradel, de los troncos iniciales que llegaron de Haití, Monsieur Agustine, de los primeros troncos en nacer en nuestro hermoso país, San Julián, el Tío Yan, Anacleto, Napoleón. De todos los Despradel que han sido intelectuales, Guido y Hugo. De los artistas, abogados. De los maestros, Mery, Bitín, Olga, de aquellos que sin saber leer ni escribir tenían la mejor escuela de alfabetización, Pe, a, ele, Pal; eme, i, mi; ere, a, ra. Palmira, la tía Palmira Despradel.

"De los políticos de antes, Roberto y Arturo, y los de ahora, Fidelio, de todas las anécdotas de los militares y policías, Herman, Henry, (Bueyón). De los que se destacaron por su gran fuerza física, y por su jocosidad, Fafo. De los embajadores de hoy, con Despradel de primer apellido, como Alberto, o como segundo, con los Moya Despradel. De los comentaristas de televisión, Consuelo. De los médicos, Víctor y Vidal. De los agricultores, Manito, junto con su bella esposa alemana, Irene, totalmente aclimatada a República Dominicana y específicamente a La Vega.

"De los fallecidos hace muchos años, como Vitorina, Juan Luis, y de los fallecidos recientemente, y a destiempo, como Luis Antonio, mi hermano.

"De la tía Naya no se dijo nada. Ella solo fue dulce y afectuosa. Este recordatorio va para ella, con mi agradecimiento por haberme prestado su nombre. Con todo cariño".

Las líneas anteriores las escribí a raíz de la reunión familiar, pero no expliqué el origen de mi nombre.

Pues bien, la tía Naya (Despradel Brache), era hermana de mi papá. Según entiendo, el orden de nacimiento de mis tíos fue María (Mery); Bitín o Bita (Estela Benitica), Bernarda (Naya), Luis Antonio (Nené, mi papá), y seguían cuatro más: Herman, Rafael Elías (Fafo), Olga (Guin), y Manuel Valentín Enrique (Henry, Bueyón), (no sé bien el orden de Fafo y Herman).

El asunto es que el nombre de Bernarda era muy difícil de pronunciar para el hermano que le seguía, es decir, mi papá, y la llamaba Naya. De ahí, Naya... Mi nombre.

Toca la casualidad de que el nombre en árabe de mi mamá era Nadja, esto, pocos lo sabían y pocos aún lo saben; a mi mamá todo el mundo la llamaba Consuelo.

En rememoración de mi supuesto nombre en árabe, sólo recuerdo que el único que ligeramente hacía referencia al mismo, era el tío Gabriel Schéker (el hermano de mi abuela materna), que siempre me llamó "Nadlyta".

De todas formas, recuerdo con mucho cariño a la tía Naya, la admiro y me siento contenta con mi nombre, aunque soy Margarita de segunda acepción, acepción que nunca me ha gustado. No sé si es que lo considero medio cursi, aunque denomina una flor que es muy hermosa. Naya Margarita me llaman especialmente los familiares de mi papá, para distinguirme de la tía Naya. Aunque también me llaman Nayita.

Y, por cierto, para recordar su carácter, siempre rememoramos una anécdota de la tía Naya que la retrata de cuerpo

luns 6 sept de 1841
a la 10 dia de la
noche .

npo 175
nacimento
de
Confesor
D'Espadel

Hoy miercoles quince ava dia del
mes de diciembre mil ochociento cua-
renta uno, año treinta y ocho de
su independencia a los diez
hora de la mañana

———

Acta de nacimiento de San Julian
D'Espadel nació en este pueblo, lunes
seis del mes de septiembre del
presente año a los diez de la noche,
hijo natural del cudadano

Jean Louis D'Espadel hablante de
este poblado y de la cudadana

107

entero. Una vez fue al médico por algún tipo de dolencia. Luego de indicar al médico sus males, éste le preguntó la edad. La tía Naya le contestó que ella había ido a verlo porque se sentía mal, pero no era para que le preguntaran la edad. El médico le contestó que debía saber la edad para determinar la dosis del medicamento que le iba a prescribir. La tía le contestó que ni aun así le diría la edad, que le recetara según el médico apreciara. El médico, entonces, le dijo: "50 años" y la tía, muy sonreída, le dijo: "doctor, súbale un poquito para que la dosis me haga efecto". La tía Naya siempre fue esbelta, deportista, tenía una piscina en su casa y nadaba a menudo. Hacía competencias con los visitantes y con su esposo Héctor, y ella siempre ganaba.

Y a este respecto, un día tuve ocasión de conversar con el doctor Ramón Pina Acevedo, el notable abogado, que casi podía ser mi abuelo. Era compañero de infinitas *litis* de mi tío Héctor Sánchez Morcelo, abogado también de mucho renombre, por cierto, esposo de mi tía Naya. Cuando la persona nos presentó, y le dijo al doctor Pina que yo era "Naya Despradel", el doctor Pina dio un real salto, me miró con incredulidad, con sorpresa, ¿estaba viendo un fantasma? El conocía muy bien a mi tía Naya y era imposible que la persona que tenía enfrente fuera Naya Despradel. ¡¡¡Había una diferencia de 30 años!!! Me di cuenta de su sorpresa y le expliqué: yo era la sobrina. El doctor Pina respiró con alivio.

Y como yo intento tener comentarios de los que quieran contribuir a estos recuerdos, incluyo unas notas escritas en febrero de 2014 por mi primo Luichy Cedeño Despradel, hijo de Pedro Livio Cedeño y de mi tía Olga:

Recuerdos de amor para una hermosa tía

"Deberé arrodillar mis sueños para volverme un niño y poder conversar con ustedes sobre el Peter Pan mujer que fue nuestra tía, la tía de todos los que no tuvieran tías, tía además de todos los locos del viejo pueblito: Juan el coquero, Magerín la que mostraba lo que no se muestra, Luís el Largo, La Copa y una pléyade de "extraterrestres" que tenían por su pana full a una terrícola apodada: la Tía Naya.

"Hablar de ella es como un cantar anagógico, porque debemos contar cosas del corazón y allí no hay palabra que valga. Pero ahí vamos, locos también, que no se cura solo se arregla, Luis Manuel, sobrinos, además, prestos a describir un personaje indescriptible, hecho de miel... con alguna que otra gota... de ácido sulfúrico.

"Casi no hablamos de ella, porque la llevamos metida entre el pecho y la espalda, de tantos juegos, de tantos dulces, de tantos insólitos suflés de maíz, de tanta risa.

"–Don Pancracio, no sea ladrón, esa medicina no vale eso y usted lo sabe, no se la pago hoy, además, ¡carajo!

"–Sí, Doña Nayita, el más tacaño de la bolita del mundo.

"–Doña Nayita, es Don Miguel.

"–¡Humm!, ¡biennn!, envuélvemelo para regalo Pancracio y date rápido, que Bita me está esperando, ¿o te mando a Bita?

"–¡No, no! ¡Doña Nayita, Doña Bita no!

"–¿Y por qué tía Naya? Yo, luego, espectador perplejo e ignorante, en el tiempo de las inocencias.

"–Alguien debe decirle algo al cabroncito, ¿qué se cree el mojonete éste?– Mucha risa, muchísima, de los dos... al mismo tiempo".

"–Pagaría un centavo, cuando eran casi dólares claro está, por cada vez que uno de estos niños diga tía Naya, –decía Tío Héctor con su risa que retumbaba el mundo.

"Me salvó la vida casi sin ella, dos o tres años a lo sumo y un Pedro Livio más guapo de la cuenta insultando calieses y mandándolos a la misma m…busquen al chiquito donde el licenciado a ver si el cabr… sigue de guapo.

"–¡Licenciado! Noche trémula por la muerte del demonio, hijo de uno de los matadores, buscado. Calieses medio amigos, ya temerosos, ¡mataron al jefe!, ¡¿No vaya a ser, que coño e'gente serán brujos?!

"–No está el niño, la misma tía… con el chin del ácido aquel.

"–Tía Naya tengo sed, infante despierto en medio de jauría indecisa, a destiempo como todas las vainas que congelan el tiempo.

"–¡Ay Dios! El hijo de la sirvienta que se ha despertado, una pizca de miel, la mirada cómplice de aquellos que dudaban ya de tanto haber matado gente, no les fuera a salir el tiro por la culata.

"–¡Está bien licenciado! Si sabe algo… bonito niño, me presenta la sirvienta un día de estos,

"–¡Como no! comandante, ¡cómo no!

"Fin de la historia, sigo vivo por eso, pobre Tomasito, no corrió con mi misma suerte.

"Ser destinado a las mieles y a las crueles, envenenada fue varias veces con despropósitos brutales de viejas enfermas de eléctricos complejos, artista en el manejo de hierbas que provocan descensos rápidos a la tierra, a pequeños angelillos, sin estar completos.

"¿Artífice sin querer? De nacimientos de demonios fuera del hogar, de los que mejor… no vamos a hablar.

"Perdón, en su lecho de muerte para la mágica tía de destrozado útero, perdón suplicado, perdón otorgado, hoy ya también por mí, por respeto a Deus.

"Cría de cuervos impertinentes, amores de película al viejo y querido tío, genio en sus legales deberes, complejos inevitables, tos impenitente,

amores inquebrantables, de esos que todos quisiéramos para nosotros. Infidelidades perdonadas... creo.

"Mucho amor para mucha gente, sin aspavientos, auténticamente simpática y graciosa. ¿Irresistible para todo aquel que cometiera el error? De tener que quedar amigo de alguien para toda la vida, de tener que reírse, aunque como yo, quisiera llorar muchas veces.

"Inolvidable personaje que nadie se atreve a mencionar por temor a tener que largar par de lágrimas en medio de la gente.

"Yo que nunca he llorado a nadie por tanto tiempo como lo hice con ella, no creo en la muerte, punto. Ni siquiera a mi madre la lloré tanto, seguro de que no le gustaría, su querida hermana, su protegida, su pendeja preferida, su heroína en secreto; y al final de todo el Alzheimer, no sé si escribe así este maldito engendro, temo hablar de él, no quiero, desdibujó las mentes de los humanos más hermosos que haya conocido y los hizo temerosos y ya no puedo decir más, imagino que me entenderás.

"Te complací, Nayita, agreguen ustedes sus propios recuerdos, indefectiblemente más lejanos, quizás más jocosos, quizás más hermosos, pero esto lo que me salió hoy y ahí te lo mando, con sus aciertos... y con sus errores.

"Tu querido primo,

"Luichy"

Luichy Cedeño Despradel

111

Los Dájer Schéker

También, después de leer todo lo que había narrado hasta aquí, releí unas líneas que la tía Carmen había escrito a la prima Xiomara en diciembre de 2002, y que me envió copia a mí. En ese escrito hay muchos detalles de los Dájer Schéker, que incluyo a continuación, porque tiene mucha información que sirve para estudiar la inmigración árabe a República Dominicana. Por supuesto, que las notas de la tía Carmen se refieren a las vivencias de ella y de sus conocimientos de la familia. Ella supo cosas que yo no, pero no hay discordancias básicas entre sus recuerdos y los míos. De todas formas, incluiré en éstas las de ella, para tener un panorama más completo de lo vivido.

Querida Chomy: (Xiomara)

"Estas líneas muy especiales van porque estás interesada en nuestros ancestros y eso además de alegrarme, me enorgullece.

"*Te envío junto con los nombres que poseo de los familiares de ambos lados (Papá y Mamá) un mapa del Líbano que Salvador se esmeró en buscártelo y anotarte con colores resaltantes las ciudades de nuestros padres en la región que se llama Bhamdoum, que son:*

"*Bthater (que ellos pronuncian Teter, donde nacieron mamá y tío Gabriel, cuna de los Schéker. Este apellido no figura allá, sino Khater, que pronuncian Játer.*

"*Mansourie. Cuna de la familia de papá (Dájer), que no son Dájer de apellido sino de nombre. El papá de papá (nuestro abuelo) se llamaba Dájer Boumansur. Tal vez tú recuerdes, (hace más de 30 años), por los chistes de Nené Despradel, que papá se llamaba realmente Chicre Atille Boumansur, y Nené decía que con Sucre y Atila (nombres en español), no había papá sacado el bagaje bélico que esos nombre suponían.*

"*También, tío Salvador resaltó en el mapa, la ciudad de Ghazir, cuna de los Dargam, y de los Hane y muy especialmente marcada está la carretera que lleva a Damasco, capital de Siria. Debo decirte que el nombre de la mamá de nuestra madre, no lo tenemos muy cierto, pues tu tía Consuelo decía que era igual al de una de sus hijas, Yameme, pero nos parece recordar que mamá decía que era María.*

"*Entonces, de mamá tenemos: Maddul (mamá); Gabriel, que allá era Habib y la otra hembra, Yameme. También oímos nombrar y vimos a Eugenie y Judhephin. No recordamos el parentesco.*

"*Como el papá de mamá se llamaba José Antonio, pero allá era Schéker-Abu-Habib (padre de Habib), porque Habib (tío Gabriel), era el primogénito.*

"*Yito, como le decíamos al abuelo José Antonio, cuando vino al matrimonio de su hijo Gabriel con Maria Hane, hermana de Matilde Hane madre de los Dargam, trajo a mamá, a tío Shaibén (el abuelo de los Schéker de Scherezade) y creo que a Abdo (el famoso Emilio Schéker de las Tablas de Azua). Yito trajo sus recursos puesto que vino con dos baúles grandísimos llenos de diferentes clases de muestras, que permanecieron* sin provecho en la casa que después vivieron él y tío Gabriel y Luis Schéker en la calle Imbert. Instaló un comercio grande frente al parque Independencia, donde después estuvo el restaurant Mario, con el nombre de José Antonio e hijos.

"Cuando en el 1929 hubo el descalabro de la economía en el mundo entero, a causa del quiebre de la bolsa de valores en Estados Unidos, el comercio de Yito (bisabuelo) quebraron, Yito y el abuelo, se fueron a Santiago y allí Yito trabajó como contador de Baduí Dumit. Debo decirte que los Schéker, según papá, eran raza fina, porque se instruían en el Líbano, eso le ayudó al abuelo a desenvolverse mejor en la vida. Yito, quien en sus postreros años de vida vino a vivir a Santo Domingo, con Gabriel, Luis y mamá en la calle Imbert, en Villa Esmeralda. Allí murió. Era un verdadero letrado, poeta y contable, todo habiéndolo estudiado en su país.

"En cuanto a papá, cuya familia era y es de agricultores, a los trece años vino solo a América, lleno de ilusiones. Todo le fue difícil, anduvo con su mochila al hombro, vendiendo de todo cuanto conseguía y en todos los campos del país. Se jactaba de que había aprendido a sacar cuentas, a leer y escribir en español sin ayuda de nadie. Él sabía escribir y leer en árabe y servía a muchos haciéndoles sus cartas y leyéndoles las que recibían. Puso varios negocios. Entiendo que en el que más se entretuvo fue un salón de juego frente al parque Independencia, después una pulpería en la calle Palo Hincado, cerca de la calle Mercedes, y luego, vulcanizaba y arreglaba gomas de vehículos.

"De los hermanos de papá que conocimos, pues vinieron al país, Alejandro (que era Skandar en su país), era el mayor de todos y se quedó de buhonero como papá, y de agricultor. Vivió en un campo de Manoguayabo donde procreó una larga familia. El otro hermano, Lotfala, estuvo poco tiempo aquí. No se aclimató.

"Cuando tu tío Salvador llevó a papá al Líbano, encontró vivo a su hermano Lotfala y conoció a Wadi Boumansur, el hijo de tío Alejandro

114

allá, quien nunca conoció a su padre porque nació estando Alejandro ya en América y éste no volvió nunca al Líbano.

"Cuando tu tío Salvador llevó a mamá al Líbano, también llevó a Joaquín y Badía. Conocieron a Yameme, la hermana que mamá había dejado de un año de edad, y la encontró de más de 60 años. También conoció a sus hijos, Margarita y Georges Khater. A Wadi, el sobrino de papá, el hijo de tío Alejandro, ya tenía 10 hijos. También conocieron a Eugenie y Judephin.

"A propósito, no sabemos por qué no obstante figurar Khater como el apellido paterno de la familia, los hijos de Yameme siguen siendo Khater.

"Aparte te relataré un poco de la historia de las dos familias, según lo relataban los viejos".

Hasta aquí la carta de la tía Carmen a Xiomara, que tiene una nota escrita a mano:

"Naya, a pesar de que fue escrito para Xiomara, considero que todos podemos leer esta historia de nuestros ancestros. Cariños, Carmen. Diciembre 2002".

Con referencia a esta carta, debe notarse que Xiomara nunca recibió el plano que indica Carmen que dibujó tío Salvador.

San Cristóbal 1944-1945

Luego de mis recuerdos en la calle Las Mercedes, mi mente vuela a San Cristóbal, donde mi papá y mi mamá vivieron en 1944 y 1945.

Recuerdo a mi hermano Luis Antonio que vivía también allá, pero no recuerdo a Chello.

Vivíamos en una casa por la calle de entrada a la ciudad, cuando uno llegaba desde Ciudad Trujillo. La carretera desde la capital desembocaba en el hotel San Cristóbal, uno doblaba a la izquierda. Creo que después estuvo en esa misma cuadra una señora que vendía pasteles de hoja, que se hicieron muy famosos y que mucha gente iba hasta esa ciudad solamente a comprarlos.

Uno de los vecinos de nosotros era don Bolívar Creus, casado con doña Carmela. Me parece estarlos viendo. Sus hijos, más o menos de mi edad, eran Antonio Bolívar y Maritza. Años después, cuando vivíamos los Dájer en la Padre Billini, los volví a encontrar, vivían cerca de nosotros, en la calle Pina.

A veces yo iba por las tardes a visitarlos, y don Bolívar, que era un maestro, estaba sentado con sus hijos haciendo las tareas y tratándolos muy seriamente, como todo un profesor y no como un papá que estuviera ayudándolos. Nunca he vuelto a verlos, pero me parece que su hijo Antonio Bolívar es un médico de éxito en Estados Unidos y creo que Maritza es una entrenadora de natación, también con igual éxito.

Enfrente, vivía una pareja de personas que me parecían mayores, y creo él se llamaba don Brígido o a lo mejor ella era la que se llamaba doña Brígida.

Una cuadra más hacia el pueblo, estaba el parque, frente a la iglesia que estaba al lado del casino.

El parque tiene muchos recuerdos para mí.

Papatín y su esposa eran muy amigos de mis papás, y siempre muy simpáticos conmigo. En una casa que está en diagonal con el cine Angelita, vivía el doctor Pablo Shéffer, casado con Paula Guerra, tenían dos hijos de mi edad, que eran mis amigos. Iba de visita a esa casa y Paula le dijo a mi mamá que yo le había dicho que no bebía leche porque en mi casa no me compraban "Kresto", que era una cocoa de moda en esa época. La verdad que no recuerdo que me tomara la leche en casa de los Shéffer porque a mí nunca me ha gustado la leche y no recuerdo desde cuándo no la bebo.

La hija de los Shéffer era Aziadé, que pasando el tiempo, fue la secretaria de mi esposo Rafael de Láncer en la UASD, cuando Rafael fue vicerrector.

Manuel El Chino estaba casado con una dominicana, morena, y eran muy amigos de mis padres. Manuel siempre ha sido motivo de recordación para los Despradel Dájer porque por muchos años, muchísimos, tanto mi papá como mi mamá decían una frase de Manuel que todavía es usada por Chello y por mí, cuando hay una situación con no muy buena explicación. Manuel decía: "*la suelte del muelto que el cuchillo 'taba ma' mijor*". (La suerte del muerto que el cuchillo no cortaba).

Después de esa primera casa, nos mudamos a la salida del pueblo, cerca de la fortaleza, en la acera del frente.

Era un grupo de casas, donde vivíamos don Armando Rodríguez Victoria, que creo era abogado, cuya esposa era doña Olga, hija del presidente Morales Languasco. No sé por qué siempre recuerdo a doña Olga como una persona triste.

Al lado vivía Emiliano Camarena, un militar que a mí me parecía muy buen mozo, era el esposo de la prima de mi papá, Olga Roca Brache. Tenían dos hijos, Leopoldo y Jaimito, con quienes jugábamos. Recuerdo que cuando Emiliano y Olga salían por la noche, dejaban a los niños a cargo de una niñera, quien se dedicaba a comer gallina. Por supuesto, yo no sabía qué quería decir esto hasta que muchos años después entendí que ella recibía a su novio en la casa y se dedicaban a acurrucarse.

Al otro lado de nosotros vivía Barón Sánchez, un abogado muy elegante, que usaba unos sobreros de pajita, cuya esposa era Tatica Añil, a quien yo encontraba muy linda y elegante. Su hijo, Barón Segundo, jugaba con nosotros y volví a verlo y recordar esos tiempos hace pocos años.

El parque infantil creo que se llamaba Radhamés (¿sería Ramfis?). Había una vellonera que se oía desde mi casa, y

118

recuerdo a María Luisa Landín (Amor perdido), Toña La Negra (Mujer falaz), Agustín Lara (Noche de ronda), y otros, y Jorge Negrete, que cantaba La feria de las flores, canción que me encantaba y que todavía me gusta.

Recuerdo que Nené cazaba, y cuando regresaba de su cacería, a las tantas de la noche, traía 50 o 60 rolones o lo que fuera, mi mamá las guisaba para que el grupo de cazadores las disfrutaran. Uno de los cazadores era el coronel Colón, que era uno de los jefes de la Policía de San Cristóbal.

En la casa había un gallinero y Consuelo cuidaba las gallinas y les metía el dedo meñique por el pichirrí, supongo que para determinar si tenían huevos. En el patio, una hermosa mata de caoba nos cobijaba con su sombra.

No recuerdo a Chello en esa casa y los recuerdos de Luis Antonio son pocos. Sí me viene a la memoria un dibujo encontrado por Nené y que, riéndose, lo enseñaba a todo el que le pasaba por el lado. Era "El diablo haciendo pipí." También recuerdo de Luis Antonio que una vez debíamos ir a una fiesta de disfraces y que Consuelo le hizo el de él, con el espíritu de uso intensivo y extensivo de los recursos disponibles. A la hora de ponérselo, Luis Antonio, de cuatro o cinco años, armó un lío porque "eso no es un rifrá, eso es un pudrecama". Seguro que Consuelo utilizó el método del reciclaje, entre otras cosas para ahorrar unos chelitos.

Recuerdo que el tío Joaquín Dájer era estudiante de medicina y estaba haciendo una pasantía en Yaguate, campo cercano a San Cristóbal, e iba a dormir a casa de mis papás. Cuando estaba en la casa, Joaquín me enseñaba a leer con el libro Mantilla. Todavía

119

tengo un ejemplar del libro en mi poder, el cual acabo de revisar (noviembre 2019) y pensé que la copla "Antonino fue por vino, quebró el vaso en el camino, pobre vaso, pobre vino, pobres piernas de Antonino", estaba en esa edición, pero no la encontré ahí. Pudo haber sido en un Almanaque Bristol, pieza documental imprescindible en los hogares en esa época. Buscando en San Google, encontré que Antonino es una canción tradicional mexicana, por lo que pienso no pudo estar en el Libro Mantilla, que es español. Pero, a la vez, pienso, que sería difícil que un mexicano fuera por vino… Trataré de averiguar...

Mi papá era muy cariñoso, siempre nos mecía y nos cantaba para dormir, en una mecedora de las llamadas María Teresa, la primera que se había fabricado en el país, y que le había regalado su abuelo, mi bisabuelo, San Julián Despradel. Esa mecedora incluso yo la tuve por muchos años, hasta que la carcoma se la comió.

Una de las canciones que Nené nos cantaba a mis hermanos y a mí era "Mantelito blanco", que luego aprendí que era una canción chilena, y que me encanta. Otra era "Mariposita de primavera".

En San Cristóbal hice el kínder, en el Colegio San Rafael, que estaba al frente del Parque de Piedras Vivas.

1945. Recuerdos familiares

Buscando las fotos que estamos recolectando para conservar los recuerdos de familia, encuentro que la primera que tengo guardada corresponde a 1945, cuando fui Reina de las Flores, en el colegio San Rafael.

Esta foto me ha recordado que el vestido que lucí fue una confección de Badía y de tía Cucha y de Italia Piñeyro, su hermana, quienes fueron a San Cristóbal a vestirme el día del desfile. Recuerdo, lo que concuerda con la foto, que en la cintura llevaba una hermosa cinta plateada, de varias yardas de largo, que tía Cucha fue la encargada de amarrar, y hacer el lazo, que colgaba hasta el extremo de la falda. El peinado y el maquillaje correspondieron a Italia.

Muchos años después, no puedo decir exactamente cuándo, pero quizás en 1990, cuando trabajaba en PNUD (Programa de las Naciones Unidas para el Desarrollo), sonó el teléfono de mi escritorio y al yo contestar, una voz masculina, desconocida para mí, me dijo: "*¿Qué dice la reina de las flores?*" Por supuesto, esto me causó un gran estupor. Mi respuesta fue: "¡¿Y cómo usted sabe esto?!".

Respuesta: "*porque yo diseñé tu traje. Yo soy Fradique Lizardo*".

Entre los amigos de mi papá estaba Ulises Cruz Ayala, médico oftalmólogo, y su esposa Pocha. Eran muy amigos. Ulises era un médico brillante, culto, instruido, simpático, extrovertido, pero no sé qué problemas de personalidad tenía, o por lo menos que no concordara con el carácter de mi papá, y recuerdo que un día mi papá le dijo a Ulises: "Ulises, yo me he dado este jumo solamente para decirte que tú eres un loco de mierda…". Ulises, por supuesto, no se lo tomó en serio, y fueron amigos muy queridos hasta que ambos murieron, así como su esposa Pocha y mi mamá. Vanessa, una de las hijas de ellos que conocí y traté en San Cristóbal, es una de mis mejores amigas, mi comadre, mi confidente, con la cual he tenido contacto muy cercano hasta el día de hoy.

Ulises y Pocha tenían su hijo mayor, Ulises Ernesto, a quien no recuerdo haber conocido personalmente. Era mayor que yo y era militar, creo que teniente del ejército. Un día, muy temprano, mi papá se dirigió a mi mamá, junto a quien yo estaba, le dijo: "mataron a Ulises Ernesto". Creo que fue en la frontera. Nunca se ha sabido exactamente qué pasó. Se registró como suicidio, pero siempre se ha comentado que tuvo una discusión intrascendente con Darío Trujillo, y que éste le disparó causándole la muerte. Ulises Ernesto tenía una novia, Susana, no recuerdo el apellido, que nunca se casó.

También estaban los Contín, don Juan y doña Violeta. Don Juan era uno de los abogados de Trujillo y siempre escuché que se había casado con doña Violeta cuando ella tenía 13 años. Doña Violeta era muy linda y don Juan era muy aséptico. Recuerdo que cuando mi mamá cocinaba los rolones y don Juan estaba invitado a degustarlos, no sé si era cazador, don Juan se los comía con cuchillo y tenedor y no se ensuciaba las manos.

Los hijos eran Haydée, Johnny, Violetica, Ivelisse y Juan Cristóbal. Escuché que un día don Juan llegó a su casa y le dijo a su esposa: "recoge, tenemos dos horas para salir de San Cristóbal. Trujillo mandó a buscar a Haydée". Al salir de San Cristóbal, evitaron tener que enviar a Haydée donde Trujillo. A los Contín, de una u otra forma, he seguido viéndolos, y uno de los hijos de Violetica es muy amigo de mi hijo José Rafael.

Recuerdo que en el casino se hacían los bailes cuando Trujillo iba y que se hacían actividades culturales. Miryam Jiménez, madre del general José Miguel Soto Jiménez, una de las hijas de Miguel Ángel Jiménez, desde muy niña, era una declamadora, y recuerdo que recitaba:

"¿Qué es esto? Prodigio, mis manos florecen (¿Juana de Ibarborou?)".

También recuerdo a don Aníbal Read, cuyos hijos eran Gustavo e Isaac. A Isaac continué viéndolo varios años, fui a su matrimonio, y a su esposa Ligia la vi no hace muchos años.

Uno de los recuerdos más simpáticos, no lo viví, pero mi mamá se pasó la vida entera contándolo, se refiere a una señora que vivía allá, llamada Carmen Berrido, que era amiga de mi mamá (¿1945?). Mi mamá contaba que una tarde, Carmen la invitó a que fueran a hacer una diligencia, y mi mamá fue con ella. Llegaron a un negocio que estaba cerca de la casa, y Carmen le entregó un papelito al dueño de la tienda. El papel decía (más o menos):

"Estimado señor: yo soy Carmen Berrido y por medio de esta nota le estoy solicitando un préstamo de $5 para inscribir a mi esposo en la carrera de medicina. La señora que me acompaña es la esposa del doctor Despradel y ella es la garante de este préstamo".

Mi mamá contó y recontó durante toda su vida que se quedó patidifusa, atónita, sin saber qué hacer, y, llena de vergüenza y al contarlo, se ponía la mano en la cintura, como símbolo de extrañeza, y pestañaba continua y rápidamente, como sólo he visto que lo hacían ella, la tía Ana Ortiz y Consuelo Cruz (mamá de los primos Dargam), cuando se referían a algo de importancia. Pero, volviendo a Carmen Berrido, el señor le prestó los $5. Con ese dinero, ella efectivamente inscribió a su esposo, Francisco Salcedo, en medicina, y se puede decir que Carmen lo graduó de médico. Cuando la situación económica de Carmen y de Francisco mejoró, se honró la deuda... Francisco y Carmen y mi papá y mi mamá siguieron siendo amigos por toda la vida, los dos primeros siempre agradecidos de las ayudas recibidas de los segundos.

Esto sí lo viví, lo vi (¿1955?): un día llegó Francisco Salcedo a mi casa, ya vivíamos en la Máximo Cabral, Santo Domingo, y Francisco llevaba consigo unos papeles. Eran unos documentos para que mi papá los firmara como garante para un carro que Francisco iba a comprar. Mi papá firmó y nunca tuvo que pagar ni un pagaré. Francisco pagó puntualmente todos los pagos del vehículo.

Mientras Francisco estudiaba medicina, Carmen estudiaba bioanálisis, y ella decidió que con su esposo, ya médico, podía instalar un laboratorio de análisis clínico, y abrió un local en la Arzobispo Nouel, al lado del Instituto del Libro y el local se denominó "Laboratorio Salcedo y Berrido", que fue muy conocido. Trabajó mucho y muy bien por mucho tiempo. La hija de ellos, Haydée, también se hizo laboratorista y luego estudió medicina, y ha sido una profesional muy reconocida.

Francisco murió hace muchos años, y su esposa firmaba "Carmen Berrido viuda Salcedo y Berrido". Mi amiga Vanessa Cruz Ayala, que es muy jocosa, siempre ha dicho que Carmen ha sido la única viuda que es viuda de ella misma.

El paseo por excelencia en San Cristóbal era el balneario La Toma. Un día que fuimos un grupo, de familia, por supuesto, creo que fue Mario Sánchez, esposo de Margot Piñeyro, hermana de tía Cucha, que me tiró en el embalse y me asusté tanto que creí me iba a ahogar y nunca le he perdido el miedo al agua.

Castillo del Cerro

El Castillo del Cerro es una majestuosa edificación construida para el dictador y su familia, en 1949, como un regalo del Partido Dominicano.

Es un inmueble de 5 niveles, con la fachada similar a la proa de un buque, decorado en áreas del primer nivel como una réplica de salones del Palacio Nacional de Santo Domingo. Fue un regalo del Partido Dominicana cuyo presidente era Cucho Álvarez.

Muchos cuentan que los seguidores y acólitos del tirano le comentaban que esa no era una casa adecuada para él, tenía adornos bastante cursis, le susurraron que parecía una casa de orates (locos, dementes) y Trujillo no quiso visitarla nunca. Por supuesto el presidente del Partido Dominicano cayó en desgracia. Y el arquitecto, Henry Gazón, abandonó el país y no regresó hasta que ajusticiaron al mandatario.

Hoy éste es el Centro de Formación de Agentes de Vigilancia y Tratamiento Penitenciario, adscrito a la Escuela Nacional Penitenciaria de la Procuraduría General de la República y como tal se conserva, como testigo mudo de su historia.

Traigo esto a colación porque viviendo nosotros en San Cristóbal, en la carretera hacia Baní, frente a la fortaleza, donde yo vivía, en un carreterita hacia la izquierda, veía unos camiones cargados de materiales para una edificación que se estaba construyendo en una loma cercana. En esa carreterita, un camino vecinal, veía a muchos hombres desyerbando, y al preguntar me dijeron que eran presos que hacían esas labores.

En San Cristóbal, mi papá era médico sanitario, lo que quería decir que debía preocuparse por la limpieza, la higiene y la salud de la población. Entre sus funciones estaba verificar que en unos puestos de leche del gobierno que había, dicha leche no fuera adulterada con agua por los dependientes; también era el encargado de fumigar la ciudad, y vigilar que las prostitutas tuvieran su carnet de salud al día.

Recuerdo que el camión en el que se recogía la basura le decían "cola de pato" por su forma, que era un depósito abierto. Como en esa época las gentes no tenían carros, el "colepato" pasaba por la casa nuestra y en él se iba mi papá a trabajar al centro sanitario, que estaba cerca del parque Radhamés. Creo que esto corresponde a los años 1945-1946.

Mi hermana Chello nació mientras vivíamos en San Cristóbal, pero mi mamá vino a dar a luz en la capital. Fue al hospital Padre Billini. Los relatos eran de que a mi mamá había que hacerle una cesárea, y el médico que la atendía se negó a hacerla, no sé si por no estar de acuerdo con el procedimiento. La operación la hizo un joven médico, que llegó a ser maestro de la medicina: Guillermo Maggiolo, conocido como Yomito.

Muchos años después, en el 2010, me enteré que el médico que sustituyó a mi papá en San Cristóbal fue el doctor Héctor Mateo, según me contó él mismo. A mi papá lo mandaron a Elías Piña. ¿Castigo? No sé, pero el doctor Mateo me contó que el problema que tuvo mi papá en San Cristóbal fue que lo mandaron a fumigar. Era una ciudad muy palúdica, y mi papá dijo que no había DDT, que era la sustancia que se usaba entonces para estos menesteres. En la Era de Trujillo no se podía decir que no se podía realizar una función pública porque se careciera de cualquier elemento.

A Elías Piña, donde lo destinaron luego de San Cristóbal, yo nunca fui. Creo que mi papá estuvo allá como dos o tres años y lo trasladaron a La Romana. Era 1946, y vine a la capital, con mis abuelos maternos, para que no perdiera escolaridad por los muchos cambios de pueblos de mi papá. En la edad escolar, mis hermanos Luis y Chello también vinieron a vivir a la capital con los abuelos Dájer.

A La Romana, los tres hermanos Despradel-Dájer íbamos de vacaciones y conocimos a unos amigos de nuestros padres, que seguimos tratándonos por años y años. Él era Arturo

Rodríguez y su esposa era Elena, que cocinaba maravillosamente bien. Las invitaciones a comelonas eran constantes.

En La Romana, mis padres se hicieron muy amigos de una maestra que se llamaba Belén Bobadilla, y de su madre, doña Lavinia. Belén tenía una risa que resonaba como un cristal, y a mí me encantaba oírla. Doña Lavinia era muy simpática, y nosotros siempre recordamos que ella decía que *"me encanta que fulana me invite al cine, viene a buscarme, me lleva al cine, me paga la entrada, me deja dormir, y después ¡me cuenta la película!"*.

Mi papá ya no volvió a desempeñar las funciones de médico sanitario y vino a la capital, aproximadamente en 1954, cuando se construyeron las casas en la Máximo Cabral. Por supuesto, los niños Despradel-Dájer, que habíamos vivido con los abuelos y los tíos Dájer-Piñeyro, pasamos a vivir con nuestros padres.

La Máximo Cabral, como he dicho, fueron (¿o son?), cuatro casas que se construyeron una al lado de otra, para los abuelos y hermanos Dájer, y desde el sur, estaba la de tío Miguel y tía Cucha; luego Yeyé, Yoyo y Badía, la marquesina, luego la de los tíos Joaquín y Yulia, y, por último, nosotros.

Pero, la Máximo Cabral es motivo de otro capítulo…

Padre Billini 1946-1947

Los abuelos Dájer, después de la calle Mercedes, pasaron a vivir a la Padre Billini esquina Palo Hincado. Mis hermanos y yo también pasamos a esta casa.

Estaba en el segundo piso, y abajo estaba la Casa de las Banderas, de la familia Roque. Recuerdo a Miriam, nos conocíamos, pero nunca fuimos amigas.

Creo que llegamos a esta casa en 1946, y lo relaciono con que Xiomara y yo ya estábamos en el Colegio Muñoz Rivera y la guagua pasaba a buscarnos. Entré al primer curso de primaria en esta escuela e hice toda la escolaridad allá hasta el último año de bachillerato en 1958, cuando entonces pasé a ser maestra de la misma.

Pues bien, esta casa, donde vivíamos ahora, la Padre Billini, era grande, por lo menos a mí me lo parecía, aunque he aprendido que uno distorsiona las medidas según el momento que le sirva de referencia, pero me parece que tenía muchas habitaciones grandes.

En el pasamanos para subir al segundo piso, creo que tío Miguel le puso una cuerda, de manera que, si tocaban el timbre abajo, se tirara de la cuerda y pudiera abrirse la cerradura y accederse a la casa sin tener que bajar las escaleras para abrir la puerta.

Desde luego, se llegaba a la sala, y atravesándola, caminando hacia la izquierda, se llegaba al comedor de lujo, figura usual en esos momentos y que nunca se utilizaba. Si se seguía ese trayecto, había un dormitorio donde dormíamos Xiomara y yo, y luego, ya al final, estaba la habitación de tía Cucha y tío Miguel.

Al subir, si no se seguía a la sala, y se tomaba un camino a la izquierda, se llegaba a una habitación, que no recuerdo quién la ocupaba. Frente a esta habitación, estaba el baño.

Siguiendo hacia atrás, había una habitación donde dormían Yeyé y Carmen, Badía, y tal vez alguien más. Éramos muchos, y no recuerdo la distribución exacta de personas. Luego estaba el comedor de diario y la cocina.

Al final de la escalera, inmediatamente a la derecha, había una pequeña habitación donde dormía Yoyo. Antes de llegar al comedor de diario, había una escalera de caracol que se subía a una habitación donde dormía el tío Joaquín, y salía a la azotea.

En esa casa Carmen todavía estudiaba ingeniería, pero no recuerdo si los mismos estudiantes de las Mercedes siguieron hasta la Padre Billini, pero es que ya Carmen y Álvaro Delgado tenían amores, y es a él a quien recuerdo.

Joaquín tenía amores con la que luego sería su esposa de por siempre, la tía Yulia Dabas. En realidad, a Joaquín y a Yulia nunca les dijimos "tíos". El nombre real de Yulia era Reina, porque había nacido un 6 de enero.

Tío Salvador no tenía novia, y un día llegó a la casa con una muchacha, y nos dijo que se había casado con ella. Estuvieron casados por 50 años, hasta la muerte de ella. Era la tía Hulda Merino, madre de los primos Dájer Merino.

La tía Hulda me llamó la atención. Era joven, moderna, con vestidos ajustados a la cintura y faldas anchas. Ella decía que era para "armarse", porque era muy delgada y la falda ancha disimulaba su delgadez, que era casi un pecado en aquella época. Me pareció juvenil porque, aunque Badía era relativamente joven, siempre vestía de una manera austera y la tía Carmen, que fue la tercera mujer que se graduara en ingeniería, vestía usualmente con pantalones, que llamaban "slacks", o sea, pantalones de vestir.

La habitación que ocuparon era la que estaba frente al baño.

La tía Hulda nos bañaba a menudo, lo que a mí no me gustaba mucho, porque estregaba muy fuerte, para sacar "la curtiembre". Pero, siempre he recordado que lo hacía con mucho amor.

Volviendo a la escuela, teníamos transporte en guagua. Nosotros éramos de los primeros que nos recogían, y yo me sentaba en una ventana que tenía el cristal estallado. Dábamos la vuelta por la Arzobispo Nouel, y recogíamos a una muchacha mayor que yo, y yo le cedía el sitio porque ella decía que ese era el asiento que ella le gustaba. Me daba las gracias por la cortesía. Le decía a todo el mundo que yo le guardaba su asiento. Creo que nunca supo cómo yo me llamaba, y no creo que yo determinara el nombre de ella. Nunca la he vuelto a ver, pero muchos años después me enteré que era la prima Cristinita González Brache. ¿Sería atracción de la sangre? Me gustaría conversar con ella, si es que vive, para ver si recuerda esos momentos.

Un día, amanecí en la cama de Yeyé, y era que esa noche había nacido mi prima Ivonna, hija de tía Cucha y tío Miguel, era el 29 de febrero de 1948. Año bisiesto... En esa época, era común que las mujeres dieran a luz en sus casas, con una partera. Creo que se llamaba Gúmer. Si no era ella, por lo menos Gúmer era una enfermera, a quien conocí muchos años después.

Viviendo en la Padre Billini, llegó una nevera a la casa, la cual, como era costumbre en esa época, se colocó en el comedor. Por cierto, el juego de comedor de lujo yo lo tuve por muchos años, luego lo cedí a mi hijo José Rafael también, ya casado y con su casa. Era muy pesado. Una mesa de seis sillas, que mi hijo decía que la mesa era tan pequeña que no podía hacer arroz y habichuelas, y que tenía que hacer moro, para ahorrarse un plato en la mesa. La mesa y las sillas las regalé hace unos años y el seibó lo tiene mi hija Yanna.

Recuerdo que nos bañábamos con un jabón llamado Swan, era extranjero, por supuesto. No sé si en ese entonces se fabricaban jabones de olor en nuestro país. La pastilla tenía una marca en el medio, por ahí se partía, y se hacían dos pastillas. Ese jabón hizo que yo me ganara una buena nota en inglés, porque en una ocasión la maestra de ese idioma, creo que era *miss* Rivera, Haydée Rivera, preguntó cómo se deletreaba la palabra "swan", le preguntó a diez o doce antes que a mí, y la que pudo deletrearlo fui yo.

En la Padre Billini las cosas iban mejorando económicamente con los Dájer. Tío Miguel tenía carro, tío Salvador también, y poco después tío Salvador pudo mudarse aparte, en la calle Estrelleta.

Viviendo tío Salvador en la Estrelleta, el 30 de diciembre de 1950, nació mi prima Francis, nombre corto de Francisca Xavier Jusefin… Su nombre siempre ha sido motivo de consideración especial. Creo que tía Hulda tuvo una o dos pérdidas antes de nacer Francis, y tía Hulda le prometió a Santa Francisca Xavier, la *Mother Cabrini*, que si le conservaba el embarazo le pondría su nombre a su hija. Los Dájer, en alguna ocasión que estuvimos en Nueva York, visitamos su santuario, sin mencionar a los tíos Dájer Merino que lo visitan cada vez que pueden. Y con relación a esta Santa, su enclave principal está en Colorado, y yo tuve ocasión de visitarlo y orar cuando fui a visitar a mi sobrino Shukre Despradel, que vive en Denver.

Francis nació en la clínica de Yomito Maggiolo, el mismo doctor que parteó a mi mamá para el nacimiento de mi hermana Consuelo. El nombre de Jusefín se lo puso nuestro abuelo Santiago (Chicre), en honor a una hermana de él que se había quedado a vivir en el Líbano, y que nunca vino a República Dominicana.

Pero para no desviarme de la Padre Billini, debo decir que enfrente a la casa había un colmado, era el colmado de Pascual. Una parte de las compras de comida se hacían en ese colmado, y Pascual y sus hijos, unos jovencitos que ayudaban en las ventas, fuimos amigos por muchos años. La otra parte de la compra, como la carne y los vegetales, se hacía en un mercadito que había en la calle Palo Hincado, casi al lado de donde vivíamos, y mi abuela seguía la costumbre de la compra diaria. En esa edificación, que todavía existe, creo que después pusieron una oficina del acueducto y hoy está en ruinas.

No recuerdo que tuviéramos trato con alguno de los vecinos, excepto por Manzur Hana y su esposa María Dabas, esta última hermana de la tía Yulia, que fue la esposa de tío Joaquín. Ellos vivían en la Padre Billini, casa de por medio

133

con el colmado de Pascual. La casa me llamaba la atención porque era grande, tenía patio y traspatio, y yo no sabía que una casa pudiera tener dos patios...

Cerca de la casa, en la Padre Billini esquina Pina, estaba la clínica de maternidad del doctor Ángel Messina, donde dio a luz Margot Piñeyro, la hermana de tía Cucha, casada con Mario Sánchez Córdoba. El recién nacido, Mario Emilio Sánchez Piñeyro, ha vivido por largos años en Rusia, incluso, su esposa es rusa. Las veces que venía a Santo Domingo, ellos, mi esposo Rafael y yo, nos reuníamos a disfrutar comida dominicana y rusa.

Tío Salvador
Fallecimiento: viernes, 11 de mayo de 2012
Entierro: domingo 14 de mayo de 2012

"Cuando Francis me llamó el viernes, para decirme que tío Salvador acababa de morir, no pude pensar en nada triste. Inmediatamente mis pensamientos se volvieron a considerar que acababa de cumplir su término en este mundo una vida útil, plena, bella, decente, honesta, y mi primer sentimiento fue de orgullo porque yo había tenido el honor de compartir y disfrutar de esa vida.

"Mis pensamientos se volcaron a hacer una retrospectiva de lo que tío Salvador había sido en mi vida. Mi primer recuerdo de él es que siendo yo una niña bastante pequeña, alguien me dijo que esa persona que yo conocía como mi tío estaba estudiando en Argentina. No entendí bien por qué una persona debía salir fuera a estudiar. Debía ser muy inteligente para que la adquisición de conocimientos no pudiera completarse en nuestro país. Creo que finalmente entendí por qué había salido, pero la

cosa se me complicó cuando me dijeron que estaba estudiando hidráulica. ¿Qué era eso? ¿Qué quería decir?

"Luego entendí que era el estudio del agua. Y yo creo que esa palabra fue el norte y la razón de vivir de tío Salvador. Una palabra "tan simple" y para él razón de vida: agua, agua, agua.

"Sencillo, pero tan difícil y complejo de entender para muchos. Con la muerte de tío Salvador sinceramente temo que no se le preste a este recurso todo el peso necesario para que se la cuide como él la cuidó y quiso que la cuidáramos.

"Pero a la vez qué excelente profesional, fue un maravilloso ser humano. Siempre pendiente de sus padres, de sus hermanos, de su esposa, de sus hijos, y de todos los que estuvimos siempre a su lado.

"Mi compadre, padrino de mi hija Yanna, tío amable y cariñoso, concomitantemente imponente en su seriedad y en buenas maneras. Mi hija me ha recordado, en ocasión de la muerte de su padrino, que cuando a la casa de abuela Yeyé, donde se criaron muchos de los nietos y bisnietos, uno de los tíos Dájer llegaba, era motivo de sonrisas y conversaciones agradables. Sin embargo, cuando era tío Salvador que llegaba, lo primero que hacía la nueva camada que iba subiendo era ponerse derechitos y esperar que el tío entrara, con toda solemnidad. Llegaba la autoridad.

"Después, pasados los primeros momentos de su llegada, todo volvía a la normalidad. El tío Salvador era tan agradable, simpático y gracioso como todos los demás familiares.

"Tío Salvador era inteligente, muy inteligente, y él lo sabía. Era culto y docto en su materia y en muchas otras. Siempre tuvo una altísima autoestima. Pero era humilde. Daba la impresión de que siempre pensaba que la vida se hizo para estudiar, para aprender. Pero además era sumamente generoso con sus conocimientos. Nunca se los guardó para él solo. Siempre los compartió, siempre dejó lecciones de lo que sabía para que otros lo aprovecharan.

"Era un filósofo de la vida, pero era a la vez un pragmático.

"Disfrutó cada momento e hizo que todos los que estábamos junto a él también disfrutáramos. Gozó de lo que tenía, sus libros, su familia, estaba contento de lo que había alcanzado. Tuvo una vida plena, llena de cosas interesantes y hermosas y las compartió con generosidad.

"Sus días estuvieron llenos de paz. Jamás molestó a nadie, pero siempre estuvo al lado de todo aquel que lo necesitaba y fue generoso con su amor. Tuvo la muerte de los justos: no molestó a nadie, se fue tranquilamente y yo sé que se fue feliz, porque no importunó para morir.

"Salvador Bienvenido Dájer Schéker, fuiste un ejemplo de persona. Saluda a Papá Dios de nuestra parte ya que seguramente ahora mismo tienes con él un interesantísimo diálogo en el que estás explicando cuántos kilovatios hora de electricidad se producen en nuestro país, y seguramente ya le explicaste cuánto cuesta cada kilovatio de energía que se produce.

"Sigue tu descanso que nosotros siempre te dedicaremos una oración de agradecimiento por la dicha que hemos tenido de haber pasado tantos años a tu lado.

"Y ahora recuerdo que cuando mi comadre, la tía Hulda murió, yo dije algunas palabras de despedida. Como ya estás con ella en el eterno, dile que siempre tendremos un sentimiento de agradecimiento y amor hacia ella por su gran calidad humana y por la cualidad que yo creo que más la distinguía, la solidaridad, la que siempre demostró por todos aquellos que tuvimos la dicha de disfrutar de su compañía.

"Gracias, tío Salvador".

"Gracias, tía Hulda".

2018. 24 diciembre de 2018

Hoy es 24 de diciembre y los recuerdos se agolpan en mi cabeza, principalmente por la comida.

136

Dije en párrafos anteriores que las remembranzas de la comida empezaban para mí en la Máximo Cabral, y así es. Son tantos, que no sé por dónde empezar. Quizás por encender la candela. Cuando nos mudamos a la Máximo Cabral, la cocina era de fogones y se cocinaba con carbón. Vivíamos en cuatro casas, una al lado de la otra, como ya explicado.

Esa era la distribución, pero los nietos, todos, un día dormíamos con nuestros padres y otro día con Badía y Yeyé. Entre las cosas que recuerdo con cariño era la tía Badía que se levantaba de madrugada para encender la candela del día. La encendía en un anafe de hierro que ponía en el patio. Lo llenaba de carbón, y en el hueco que estos anafes tienen abajo, ponía papel de periódico, encendía el papel y soplaba con un cartón. Al encenderse el papel, el fuego subía y encendía los carbones. Había que ir reponiendo los papeles hasta que el carbón ardiera. Me encantaba ayudar a la tía Badía. Me encantaba el olor del carbón ardiendo, y me encantaba el chisporroteo que se producía. Luego, las brasas de este anafe se distribuían en las hornillas de la cocina, que eran tres o cuatro, y por las que pasaba una tubería que permitía que en el baño hubiera agua caliente para uno bañarse.

Pero, de lo que quiero hablar es de la comida. Hoy es 24 de diciembre, y ese día era de reunión familiar, en casa de Yeyé, tradición que recuerdo a partir de la Máximo Cabral.

Para la comida, se empezaba el día antes, con los quipes. Al principio se hacían en un pilón de mármol que entiendo Yeyé trajo del Líbano. Para ello, primero se lavaba el trigo y se mojaba por un tiempo, aproximadamente 20 minutos. Se exprimía a mano y se mezclaba con la carne de res, que se picaba lo más pequeña posible, se le daban varios golpes con el filo del cuchillo, hasta dejarla como si fuera molida. En el mismo mortero, majaba la yerbabuena y la albahaca. Se unía el trigo, la carne, y los sazones, que además de estas yerbas se le ponía sal y pimienta. Se amasaba todo bien, y volvía todo a majarse en el mortero, tarea que estaba encomendada a Badía. La abuela Yeyé ya no estaba en condiciones de majar la mezcla. La tía Badía terminaba con la cabeza llena de granos de trigo.

Luego, había que amasar de nuevo, y entonces se procedía a hacer los bollos que se rellenaban de carne picadita guisadita. La mayoría de los quipes se servían fritos, pero una parte se dejaba para comer crudos.

Con el tiempo, los ingredientes han permanecido, pero la técnica ha variado. Llegó la moledora manual de carne. Entonces, ya no se usó más el pilón. La carne se compraba en trozos y se molía. Había que limpiar la moledora a menudo, porque las telas de la carne se enredaban en las cuchillas y había que limpiarlas. Luego se amasaba el trigo y la carne, y volvía a molerse. Amasar de nuevo. Intervino entonces el supermercado. La carne se compraba molida, y podía saltarse un paso. Se procedía a la mezcla de carne y trigo de inmediato, y se molía dos veces, con amasado al medio y al final. Llegaron también las quejas: el quipe de máquina de moler no sabía igual que el quipe del pilón.

Con referencia al pilón, el de mármol lo tuve yo por muchos años, hasta que un día se lo pasé a mi sobrina Angelly Varela Dájer, hija de mi prima Miguelina Dájer Piñeyro. Angelly es una gran cocinera y adora las antigüedades, pero estoy segura de que no se le ocurrirá hacer quipes en este artefacto. En cuanto a mi mamá, siempre tuvo un pilón de madera, no sé cuál madera, precioso, que tiene mi hermana Chello y que, por supuesto, no lo ha utilizado nunca como pilón.

De la máquina manual de moler carne, se pasó a la máquina eléctrica. Qué maravilla. Esfuerzo reducido, pero ya vamos por el procesador de alimentos. Se sigue comprando la carne molida, pero el mezclado y amasado se simplifica. Proceso resumido a casi un paso. Pero, hemos dejado de hacer quipes. Otra sobrina, María Fernanda, hija de mi hermana Chello, los hace industrialmente, y preferimos comprárselos a ella que ponernos a hacerlos. Culpas del tiempo de apresuramiento que vivimos.

El otro plato árabe indispensable en la cena del 24 eran los repollitos rellenos. Yeyé los hacía tan finos que uno podía comerse diez o doce sin problema. Con los repollitos no ha pasado como con los quipes. El procedimiento de Yeyé sigue siendo el procedimiento actual. No ha habido forma de mejorarlo.

Luego estaba la ensalada de papas de la tía Badía. Eran papas, tayotas, zanahoria, huevo duro, tomate, coditos, pollo hervido desmenuzado y se sazonaba con aceite, vinagre, sal y mayonesa. Se adornaba con un tomate ahuecado, relleno de petit pois.

Por supuesto había cerdo y pavo, pero no recuerdo que se hicieran en la casa. Debe haber sido que se compraban. No recuerdo. Había pastelitos, que se compraban.

Se rociaba todo con vino, cerveza y refrescos.

Eran reuniones grandiosas. Todos los Dájer-Schéker con sus familias, que llegamos a ser los Dájer-Piñeyro; Dájer-Merino; Dájer-Dabas; Despradel-Dájer; Delgado-Dájer; Schéker-Ortiz; Dargam, que eran César, Tatica y su familia; Miguel Dargam, Matilde y su familia, Rosa, Consuelito Dargam, Amaury Dargam, Sonia y su familia. Nos reuníamos en la terraza de Yeyé y todos los años hacíamos los mismos cuentos y comíamos la misma comida. Y disfrutábamos igual que siempre...

La tradición entra por las venas y no se van. Los sabores de la niñez se insertan en el alma, en el espíritu, en el cerebro, en la conciencia, y no salen. Permanecen. Son eternos... Cuando ya Yeyé no estaba en condiciones de hacer el 24 en la noche en su casa, lo hacía la tía Carmen, que hacía quipes, repollitos, ensalada de papas, etc., etc., pero ella sí le incorporó pavo y cerdo de su manufactura.

El pavo de la tía Carmen variaba, unas veces era relleno de papas y picadillo y otras, deshuesado, receta que se llama "galantina de pavo", y es una exquisitez. La tía Carmen lo aprendió de María Teresa Conde de Rodríguez, que era tía de Álvaro. Doña María Teresa era una delicadeza culinaria. Yo aprendí a hacer dicho pavo con la tía Carmen, y cuando las celebraciones navideñas, especialmente cuando después el 31 se hacían en mi casa, ese pavo no puede faltar. Creo que lo hice por unos 20 años. El caso es que mi hijo José Rafael, que es médico ginecólogo y cuyo hobbie es la cocina, aprendió a hacerlo y lo hizo por unos cinco años. Ahora, su hijo, mi nieto Abraham, que estudia para chef, es el que lo hace.

Ese pavo en principio se acompañaba con una compota casera de manzana, según María Teresa, pero viviendo yo en Julieta, tuve como mis vecinos, por muchos años, a Máximo Avilés Blonda y su esposa Josefina, una gran cocinera. Josefina hacía de postre unas manzanas glaseadas, teñidas de rojo, que acompañaban muy bien el pavo, y como el efecto estético es más impresionante con las manzanas glaseadas, se cambió la compota por este último acompañante. Como hay ahora una histeria colectiva por el medio ambiente y la comida natural, las manzanas no se tiñen. Se hacen con azúcar parda y se dejan de su color natural.

Es importante señalar que la tía Carmen era una pésima cocinera, pero sabía dirigir a las personas a su alrededor, y la comida en su casa siempre fue de primera.

Esto, en cuanto a la comida de Navidad. Pero también había un ritual para la comida de Semana Santa. Como los abuelos eran cristianos, se seguía la costumbre de no comer carne los días de precepto. Entonces se hacía marusa y pescado.

La marusa era lo que hoy día llaman tahine o hummus. Se hacía en la casa con garbanzos frescos, que ponían a hervir, luego de blanditos se pasaban por un paño al que se hacía presión sobre la mesa para desprenderles la cáscara. Se ponían en el mortero de mármol, con ajo, limón agrio y tahine (la pasta de ajonjolí) y se majaba hasta quedar hecha una pasta. Se le agregaba agua tibia para diluir la pasta y hacerla bastante líquida. A cada persona se le servía un cucharón, y se comía con pan tostado. Hasta el día de hoy, la marusa es uno de mis platos preferidos y en los descendientes de los abuelos árabes la hacemos con frecuencia.

Pero también se hacía el pescado con tahine. Se ponían ruedas de pescado en un molde de hornear, por lo menos lo recuerdo cuando ya había estufa en la casa. Se aderezaba con sal, pimienta y ajo molido. Limón agrio, aceite verde de oliva, y por encima, el tahine diluido en agua. Se coronaba con una rueda de cebolla encima de cada trozo de pescado, y se horneaba. Era una delicia. Confieso que éste es uno de los platos que menos veces he hecho.

La marusa de garbanzos podía sustituirse por berenjenas, para lo cual se asaban las berenjenas con todo y cáscara, luego se les sacaban las semillas y se descartaba la cáscara. Estas berenjenas iban al mortero igual que como con los garbanzos: ajo, sal, limón agrio y aceite verde de oliva. Con el paso del tiempo, hemos aprendido que estas mezclas con tahine pueden hacerse con diferentes productos, como habichuelas blancas, negras, zucchinis, etc. En mi casa, y de mis hijos, siempre hay un frasco de tahine.

La marusa era común en la casa. El día menos pensado se hacían unas grilladas, en el anafe de hierro, que se adobaban con ajo, sal y aceite verde, sazón que se les untaba con una pluma de gallina. Ese era también un día de regocijo. El pan era el acompañante.

Otro de los platos comunes era el tapule. Nosotros lo llamábamos y lo seguimos llamando tapule. Es trigo con tomates, puerro y perejil, todo picadito, aliñado con sal, aceite verde y limón agrio. La abuela la hacía con abundante trigo. Los descendientes hemos variado un poco las proporciones, y ponemos mucho más tomates, puerro y perejil que la abuela, pero el aliño lo conservamos.

Esta ensalada también se hace sustituyendo el trigo por queso blanco.

El nombre correcto no sé cuál es. He visto tabouleh, y algunas personas dicen tipile. Con referencia a tabouleh, puede ser que la confusión de la "b" y la "p" castellanas sean confusas para los árabes, y por eso en casa de mi abuela se decía tapule. En cuanto a lo de tipile, he aprendido que en árabe no hay vocales y que, por tanto, cada región pone las vocales según su costumbre. De ahí que unos digan tapule, como nosotros, y otros "tipile", como generalmente lo conocen los dominicanos.

Labben: en casa de mi abuela siempre había labben. Ella lo hacía, (labben es el nombre árabe del yogurt que ahora es tan conocido). La leche se hervía, y se dejaba enfriar, hasta que al introducir el dedo meñique en dicha leche, se pudiera contar hasta diez. En ese momento se mezclaba con la madre, que era una pequeña porción que se reservaba del labben anterior, se mezclaba bien con la leche, y se ponía en un frasco de cristal, hasta que la leche se hubiera cortado. Se guardaba en la nevera. Se podía consumir así o poner a que "estilara". Estilar era poner la leche ya cuajada en una fundita de algodón, de unas que había donde se compraba el azúcar Papagayo, que era la que se consumía en el país. Se colgaba en un sitio donde pudiera decantarse el líquido que desprendía, el suero de la leche, y se mantenía en la fundita hasta que se obtuviera una pasta sólida, que también se guardaba en la nevera. Se comía con pan, tanto la líquida como la sólida. O, con la líquida se hacía una ensalada de pepino. Esta costumbre se conserva en mi casa. Por años corté labben, que era y es parte de mi desayuno con pan y café, desayuno que consumo desde que tengo uso de razón hasta el día de hoy.

Pero el labben está tan adentro de nosotros, que se le añade a arroz con habichuelas, a cualquier ensalada, a la carne, al mangú, a los huevos fritos... mis hijos y mis nietos...

Enyárdara. Gloriosa enyárdara, ¡cuántos recuerdos! Cuando en la casa sobraba arroz y habichuela del mediodía, en la noche se hacía enyárdara. Para esto, se machacaban las habichuelas, se pasaban por un colador, y se producía una salsa espesa. En un caldero, en aceite verde, se sofríe mucha cebolla, hasta que quede bien dorada, pero sin que se queme. Se sazona con malagueta. Se añade el arroz y las habichuelas, en proporción tal que las habichuelas cubran bien el arroz. Se mueve constantemente, hasta que tenga la consistencia de un risotto. Al servir, se espolvorea nuevamente con malagueta, se rocía aceite verde, y a comer con pan.

Pero este plato se hace también al mediodía, como comida principal, utilizando lentejas, que es la receta original. Mis hijos llegan a menudo a la casa con un paquete de lentejas para que se haga enyárdara, y ese día la comida se considera un banquete.

Backlewe y jalewe. Dulces exquisitos que nunca se hicieron en la casa, pero que se compraban a menudo. Yo los encargo y los escondo, para que nadie ose tocarlos. Para mí, es un afrodisíaco.

No recuerdo otras recetas de la abuela. Aprendí con la mamá de la tía Yulia, doña Rosa Dabas, que cocinaba una cantidad impresionante de excelente comida. La tía Yulia tenía tres hermanos varones y dos hembras. Los varones comían cantidades sorprendentes de comida, como que no comían en platos normales, sino en los que se utilizan para servir los alimentos para compartir.

Entre las recetas que aprendí y que hago están el pollo al horno relleno de arroz con picadillo, sazonado con canela, malagueta, pimienta, ajo, limón agrio y aceite verde. También un arroz con pollo, que aquí en mi casa se le dice "pollo Álvarez", porque una señora empleada de mi casa a quien le enseñé a hacer el "pollo árabe", le decía "Álvarez". Ese arroz con pollo es un clásico en mi casa, y a menudo recibo solicitudes de mis hijos para la confección del mismo cuando vienen a comer aquí, lo que sucede cada semana. Ya mis hijos reproducen esta receta.

Este arroz se hace también con pescado, y es igualmente delicioso.

La tía Badía tampoco era gran cocinera. Ella mezclaba los ingredientes de los quipes, pero la abuela Yeyé era la que determinaba las proporciones y condimentos. Ya dije que la tía Carmen tampoco era gran cocinera. Entonces, de los Dájer-Schéker, si practicaron con mucho éxito la cocina, fueron mi mamá y el tío Miguel. Mi mamá fue la heredera de la confección de la comida árabe, y mi hermana Chello y yo la practicamos continuamente. Ya nuestros hijos y nietos están encaminados en ese derrotero.

Mi mamá era especialista en plátanos maduros. Los hacía de mil formas, todas muy buenas, y nosotros, lamentablemente, no tenemos esa disposición. Sí hay una torta de caracolitos que ella hacía, que hemos bautizado como "torta Consuelo", que es un *buque insignia* en los Despradel-Dájer y todos los nietos de que ya se han enrolado para la continuación de la receta.

Es muy sencilla. Se hierven caracolitos, se mezclan con carne cruda de cerdo molida, leche, huevos y mantequilla. Toque especial: Salsa Arturo. Esa salsa era fácilmente obtenible en los años 50, pero ahora no mucho. Tanto así, que si mi hermana o yo la encontramos, compramos cuatro o cinco latas para tener disponible para cuando queramos hacer la torta. Si no la encontramos, utilizamos una salsa de tomate condimentada, criolla o extranjera, de las tantas que se consiguen hoy en día. Compramos una lata de hongos, batimos en licuadora, y asemejamos a la Salsa Arturo. Después de mezclados los ingredientes, se hornea en un molde para honear enmantequillado.

Con referencia a esta torta, cuando yo empecé a notarla, el molde que usaba mi mamá era una lata de mantequilla, que venía en los años 40 y 50. La lata era de un tamaño que cabía una libra de coditos y una libra de carne. Ponía la lata al baño de María, en el fogón, y le ponía unas brasas encima. Cuando ya estaba, la dejaba enfriar un poco y la desmoldaba. ¡¡¡Le quedaba una torta de altura considerable, perfecta!!! Se comía caliente, pero si sobraba, se guardaba en la nevera y se comía fría. Todos buscábamos y buscamos, la torta fría. Era un manjar de los dioses.

Familia Schéker-Ortiz

Junio 2014

Tío Luis Schéker siempre fue considerado el hermano más grande de los Dájer Schéker, por las condiciones de la muerte de su mamá a los pocos días de él nacido, y que fue cuidado por la abuela Yeyé, aún antes de ella casarse. En el matrimonio Dájer Schéker, tío Luis y su hermano José, se consideraban los primogénitos de Yeyé y Yoyo. La historia de la muerte de José la escuché innumerables veces, una muerte prematura, recordada por siempre en la familia.

Siempre viví muy cerca a los Schéker-Ortiz, porque en vacaciones, me pasaba largas semanas en la casa de tío Luis y de tía Ana.

No sé si estoy equivocada, pero creo que la casa inicial de ellos era una casita de la época, en la calle Imbert casi esquina 16 de agosto, San Carlos, que tenía una verjita verde, con una portezuela de hierro, para llegar por un pequeño caminito hasta la casa. No recuerdo los detalles de la casa.

Sí recuerdo que, de buenas a primeras, tío Luis y tía Ana, con sus tres hijos (Luisiana, Luisito y Heriberto), se mudaron a la casa de la calle Cabrera, de los Dájer Schéker, porque la casita donde vivían iba a ser sustituida por una moderna casa de concreto. Me parece que la construcción fue bastante rápida, porque en pocas semanas ya estaban de regreso a la calle Imbert.

La nueva era una casa con sala, comedor de lujo (como se usaba entonces), amplio comedor de diario (donde estaba el piano de Luisiana), oficina, tres habitaciones, baño, cocina, un pequeño patio hacia donde daban las habitaciones de Luisiana y de los varones. En el patio, había una escalera por donde se subía a un segundo piso a la habitación de tío Gabriel, papá de tío Luis, que tenía su baño, y todo el resto del techo era para la muchachada jugar. Supongo que deben haberla diseñado Carmen y tío Salvador, porque era un poco su estilo: práctica, a medias, y nada artística.

Recuerdo que tío Luis era muy frugal en su alimentación. Casi me daba la impresión de que comer no era lo más importante en su vida. Su desayuno de siempre, por lo menos a mí me lo pareció en los tantos años que estuve de visita en esa casa, era una tostada, un pequeño pedazo de queso amarillo y una yema de huevo. No recuerdo si bebía café.

Siempre pensé que las cosas importantes en la vida de tío Luis era su adorada, venerada, "Mampita" (Yeyé), y escribir poemas, como "Fantástica", que cito de memoria y no sé si es totalmente así, pero es un poema que siempre recuerdo:

"Eran pues los tiempos de la capa y la espada, / ... / Tras la flor había un alma, un alma delicada, / y tras el alma escondida se encontraba un amor".

148

Tío Luis, inteligente y culto, también era el encargado de los discursos de los sobrinos en ocasiones especiales, como el que escribió para mí cuando me gradué de bachiller, y me tocó el "Salutatorian":

"Con el alma en fiesta, prendidos en el corazón los más puros sentimientos, cumplo el honroso encargo de pronunciar, a nombre de mis buenos compañeros, las palabras que han de servir de marco a este solemne acto de graduación".

Las relaciones mías y de Luisiana eran siempre muy agradables. Ella tenía muchas amigas, a las cuales conocí. Unas eran vecinas del barrio, como Mildred Guerra, hija de Niní y de Carmelita. Tenía a su hermana Erna, pero nunca la traté mucho. También estaba Ana Leticia Thorman, hija de Luisa. Estas dos vivían en la Imbert, llegando a la 30 de marzo.

No sé si estoy equivocada, pero creo que tío Luis tocaba la armónica, instrumento que guardaba en uno de los bolsillos de su saco.

En la 30 de marzo estaba Magaly Báez, a quien siempre me encontré muy linda.

En esta calle recuerdo unos señores mayores que se paseaban todas las nochecitas, y que a mi curiosidad, Luisiana me explicó que eran Veronesa Ricart con su novio, Manuel Valdepares. Creo que tuvieron más de 20 años de amores y nunca se casaron. Cuando él murió, en el obituario incluyeron a la "señorita Veronesa Ricart", como uno de sus deudos.

Luego estaban las compañeras de escuela de Luisiana. Piruja Aguiar, Lillian Gómez, creo que había una apellido

Torres, estaba Sonia Pacheco, y sé que había otras más, pero no recuerdo.

Todas estas amistades de Luisiana eran muy leales, y todos los 3 de octubre, cumpleaños de Luisiana, iban a la casa a estar un rato con ella, grupo, por supuesto, al que yo no faltaba. También era de rigor solicitarle a Luisiana que tocara el piano, instrumento que ella estudió por muchos años bajo la tutela de Cachita Cabral, y la pieza escogida era "La Paloma".

Recuerdo un día en mi casa, con mi mamá y mi papá, que había una reunión familiar, donde estaban los Schéker-Ortiz, y que mi papá le dijo a Luisiana: ¿y es verdad que tienes 17 años? y ella contestó: sí, tío Nené, son 17. Sería mejor no calcular en qué año fue eso.

Luisiana iba a misa todos los domingos, tenía una almohadillita para arrodillarse, y creo que cuando yo estaba allá, deben haber sido unas de las pocas veces que yo he ido a misa. En el camino hacia la Iglesia San Carlos, vivía Grace Coiscou.

De Luisito y Heriberto recuerdo que estaban siempre empeñados en los deportes, especialmente la pelota. Jugaban en la Chile, la escuela que les quedaba cerca, y aunque en mi casa, con mi papá y con los tíos Dájer se me despertó el amor por el Licey, en casa de los Schéker Ortiz se me incrementó. Los juegos se escuchaban por radio y se anotaban, por lo que me hice una experta anotando los juegos, conocimientos que conservo.

También escuchábamos los juegos de pelota de Cuba, Almendares (azul), Habana (rojo), etc., y escuchábamos novelas que transmitía la CMQ de ese país. Tamacún, el vengador errante, donde la maldad impere, donde el peligro amenace, allí estará Tamacún…

Luisito era muy cuidadoso con su onda en el pelo...

Heri siempre estaba dibujando…

El cine con Luisiana era semanal. Parece que había un acuerdo entre ella y tío Luis, porque a la hora de salir para el cine, ella metía la mano en el saco de tío Luis, sacaba el dinero para pagar la entrada de ella y la mía, y nos íbamos. No tenía que avisar que ella había sacado dinero. Se sabía.

Bajábamos a pie por la 16 de agosto, hasta llegar al cine de la elección, en Ciudad Nueva, o alrededores, donde encontraríamos a alguna de las amigas de Luisiana.

En San Carlos, no sé si en otros barrios, se usaba llevar la imagen de una virgen por una semana a cada una de las casas de la comarca y donde tía Ana la llevaban periódicamente.

Tía Ana era muy hacendosa. Aunque había personal de servicio, ella barría la casa y la ordenaba y a las 10 de la mañana la casa estaba de punta en blanco. En la sala, en la mesa central, siempre había una muñeca grande de loza, que una vez, cuando se rompió, yo la acompañé a la Casa de los Cuadritos a comprar otra. Esta mesa me parecía muy elegante, porque la comparaba con la mesa de Naná Florentino, que estaba llena de biscuises. Quizás eran 20 ó 30. Me parecían muchos, y llenaban toda la mesa. Esos buiscuises estaban muy de moda, y yo conservo en mi casa dos o tres que eran de mi mamá.

Recuerdo que tío Luis no era muy apegado al dinero. No sé cómo funcionaba en la casa, si le entregaba el dinero a tía

Ana para el diario, o qué. Yo recuerdo que tía era muy organizada, pragmática por excelencia, con los pies en la tierra, y de ese diario ella siempre sacaba unos chelitos y los guardaba a escondidas, para utilizarlos cuando se presentaba una emergencia en gastos que no se tenían previstos. Lo llamábamos el "puñal" de tía Ana.

Tío Luis sí era aficionado a los billetes de lotería, y cuando se sacaba 20 ó 30 pesos, gozaba, después de haber gastado mucho más que eso a través de las semanas sin sacarse un centavo. Recuerdo que una vez le escuché decir que lo invertido en billetes no significaban pérdidas acumuladas y que por lo tanto no se contabilizaban.

Y aprovecho que hablo de los Florentino, para recordar que ellos y los Dájer han seguido su amistad hasta el día de hoy. Cuando yo vivía en la Máximo Cabral, casada con Rafael, y yo sabía que Naná estaba de visita donde mi mamá Consuelo, yo dejaba todo lo que estaba haciendo y me iba a escuchar la conversación de Naná con mi mamá y con tía Badía. Naná iba a veces acompañada de una de sus hijas. Era una tarde sumamente jocosa. Naná haciendo los cuentos de sus hijos, de los cónyuges de sus hijos. Los criticaba, como usual en la época, pero no era malsana, era jocosa. De las hijas de Naná, la más divertida en las visitas era Francia. Acompañaba a su madre en los comentarios de la familia. También observaba que en varias ocasiones Naná se inyectaba ella misma en un muslo, y aprendí que era diabética y que tenía que inyectarse insulina.

Esas visitas me han venido a la mente, y no puedo dejar de mencionar que ni Badía, ni Yeyé, ni mi mamá, criticaron nunca a los cónyuges de sus hijos…

Otra visita divertida era la de Consuelo Cruz, los comentarios, y los gestos de ella al hablar, extendiendo los brazos y volteando las manos hacia atrás, moviéndolas en círculos, contribuían a que el chismecito fuera más sabroso.

Me llamaba mucho la atención la facilidad de tía Ana para bordar a máquina. Hacía unos bordados preciosos, y recuerdo una pantalla roja, que ella bordó con un adorno blanco. Creo que eran unas palomas.

Recuerdo que de vez en cuando, a la casa de tío Luis y de tía Ana, llegaba de Baní la prima Caridad. Era una sobrina de tía Ana, muy querida en la familia. De vez en cuando llegaban otros parientes, como su sobrina Ana, y algunos de sus hermanos. Creo que había uno que se llamaba Gustavo, que era médico. Y, ocasionalmente, llegaba el "diputado Suazo". No era pariente, pero sí muy amigo de tío Luis.

Siempre hablaban del pueblo Sombrero y de la rigola. Me daban envidia los cuentos de Luisito y Heriberto, principalmente, cuando contaban cómo gozaban cuando se bañaban en la rigola. Por cierto, después de vieja (yo vieja), los Schéker Ortiz me han invitado a Sombrero, he visto la rigola, he visto "el bohío" de los papás de tía Ana, y he disfrutado enormemente el paseo. Esa rigola es el canal Lucas Díaz.

No puedo mencionar esta parte de la familia sin hablar de tío Gabriel. No recuerdo haberlo oído hablar. Trabajaba en su taller de vulcanización de gomas que tenía en la 30 de marzo y cuando llegaba a la casa subía inmediatamente a su habitación.

Los domingos, tío Gabriel iba donde Yeyé y tan pronto llegaba, en el radio que había en la terraza/comedor de la

Máximo Cabral, ponían un programa de música árabe, que los dos hermanos se sentaban a escuchar, sentados uno al lado del otro, hablando en árabe, pero hablando muy poco. Siempre se servía una sopa como primer plato, que era la usanza de aquella época. Yo recuerdo el himno libanés, que según mi entendimiento, decía: "Anabí, duruji nemi...", transcripción literal de lo que yo creía escuchar y que recuerdo.

Si por alguna razón tío Gabriel se dirigía a mí, siempre me dijo "Nadjlita". No recuerdo lo que me haya dicho... No sé si me dijo algo... pero el "Nadjlita" no se me olvida.

Con los años, sería a finales de los años 50, tía Ana y tío Luis se mudaron a una bella casa, en Gascue, con jardines interiores, grandes ventanales, mucho patio y jardín, que fue diseñada por el arquitecto Antonio Ocaña, fallecido justamente en el momento de que escribo estas líneas. La utilización del espacio entre la casa de la Desiderio Valverde y la de la Imbert era totalmente distinta. La diferencia que hay entre el concepto artístico y el pragmático. (Si yo tuviera que definir a los Dájer Schéker con una palabra diría que eran pragmáticos, y tengo mi teoría de por qué. Eran inmigrantes que tenían que adaptarse al lugar donde habían llegado a vivir...).

Ya en esta casa, yo no pasaba vacaciones con ellos. Yo estaba más grande y no salía de mi casa a pasar vacaciones en otros sitios. Pero, mi comunicación con Luisiana siempre continuó igual. Hablábamos frecuentemente, y teníamos largas conversaciones, costumbre que se mantiene hasta hoy en día.

El año pasado, para el cumpleaños de ella, recibí una llamada de su hija Catalina Haydée para invitarme a un pequeño agasajo que ella había preparado en un restaurant y celebrar el cumpleaños de su mamá. Asistí a la actividad, muy agradable y bien preparada, y ¡oh, sorpresa!, me encontré con muchas de las vecinas y amigas de Luisiana de su niñez y de su juventud, con las cuales ya he explicado que tuve oportunidad de compartir en muchísimas ocasiones. Nos contamos nuestras vidas y, por supuesto, comentamos de las vidas de las que no estaban presentes en la ocasión.

Hoy, en la comunicación entre Luisiana y yo, hablamos de los temas de siempre, familiares y de amistades, pero hablamos de nuestros dolores en las rodillas, en las espaldas, en que hemos tenido que cambiar nuestros baños para dejar las bañeras y cambiarlas por piletas. Pero, estamos vivas, en salud, tenemos el juicio que funciona perfectamente, tenemos vidas tranquilas, sin grandes sobresaltos, y damos gracias a Dios por todas las bendiciones que hemos recibido.

------- Mensaje original --------
Asunto RE: Recuerdos de los Schéker-Ortiz
De: luis scheker ortiz <luis_scheker@hotmail.com>
Enviado: lunes, 14 de julio de 2014 19:30
Para: Naya Despradel <nadespradel@elcaribe.com do>,
luisiana.scheker@hotmail.com
Cc:

Guuauu, Naya Margarita, gracias por tan hermosas remem-branzas: hasta mi ondita de pelo que una vez desbarató tía Cucha porque no acababa de salir del baño y armé un titingó, entonces vivíamos donde la amada casa de Mampita, como le llamaba Papá. No me cabe duda de tus buenos recuerdos y de que conoces

155

de la familia Schéker muchas cosas, mucho más que yo. Papá tomaba café negro, bien caliente y sin azúcar, y era las pocas veces que lo notaba de mal humor, cuando no se lo servían así, por lo menos dos veces al día: en la mañana al despertar y después de la siesta, cuando enrumbaba al Centro Sirio, entonces frente al parque Independencia. Además, de los billetes que como dices gozaba más en buscar inútilmente los premiados que en obtener el premio de la Lotería, lo que le permitió costear con un par de pedazos del segundo premio mayor la construcción de la Imbert que sustituyó la encantadora casita de madera, el palomar de mi abuelo Gabriel, que era quien financiaba a Heri y a mí la entrada al Paramount y quien nos cruzaba la 30 de marzo desde su taller al colegio Los Angelitos, provistos de cinco centavos que alcanzaban para frío frío, gofio, jalao, y sobraba un montón de cuartos. Algo inolvidable para mí aparte del comadreo de mi mamá con la tuya, que se entendían perfectamente bien, y es que no se les podía mencionar la edad y que fue tío Nené, mi padrino, quien me introdujo en la música clásica. Cuando oí por primera vez la 9na de Beethoven quedé hechizado. Y luego lo recuerdo disfrutando en el restaurant de Men El Chino, frente al parque Independencia, donde degusté por vez primera el chicharrón de pollo. Bueno tengo que dejar la plática, pero no el inmenso cariño y la gratitud eterna por aquellos momentos inolvidables que entrelazaron para siempre orgullosamente a nuestras familias. Gracias.

Luis Muñoz Rivera 1946-1961

Entré al primer curso de primaria en el Colegio Luis Muñoz Rivera en 1946. Me inscribieron en ese colegio porque en él habían puesto a mi prima Xiomara, en kínder. Debíamos haber vivido todavía en la calle Mercedes, pero mis recuerdos del Muñoz Rivera se inician en la calle Padre Billini. Viene a mi memoria que la guagua del colegio nos iba a buscar. Todo este tiempo yo vivía con mis abuelos Dájer. El colegio estaba en la calle Dr. Báez, y los cursos de segundo de primaria en adelante estaban en dos casas muy hermosas que todavía existen, que deben ser la 2 y la 4, o la 4 y la 6. Tienen unas escaleras grandes para acceder a la construcción principal.

El kínder y el primer curso de primaria estaban en un solar enfrente, en el cual los propietarios del colegio habían hecho una rancheta, donde estábamos mi prima Xiomara y yo. Las maestras que recuerdo de esa época, de mi prima y mía, eran Lilian Lebrón, Beatriz Guerrero y Gloria Medina, (puertorriqueña).

Los propietarios de la escuela eran Félix Rodríguez Quiñones y Elvira Medina de Rodríguez, puertorriqueños que los habían contratado para impartir docencia aquí en una escuela llamada José de Diego.

Al terminar su contrato con ellos, los padres de los alumnos locales les pidieron que no se fueran, que fundaran una escuela, y así lo hicieron. La señora Mieses de González les prestó el garaje de su casa para que se instalaran. Iniciaron actividades el 23 de mayo de 1932, con un día de campo, de deportes, que ellos llamaban Field Day.

Era una escuela bilingüe. Se enseñaba inglés desde el kínder, y a los señores Rodríguez se les llamaba Mr. y Mrs.

Rodríguez. A los profesores y profesoras se les llamaban "teacher" fulano o "teacher" mengana.

La teacher Lilian y la teacher Beatriz alfabetizaban y la teacher Gloria enseñaba inglés. Con referencia a esta última, he pensado que quizás era hija de Víctor Medina Bennet, un puertorriqueño, funcionario de la Embajada Norteamericana, que es el autor de un libro muy interesante que se llama "Los responsables", que narra la situación vivida en República Dominicana a finales de 1920, en que la conducta de los políticos de esa época fueron los causantes de la llegada de Trujillo al poder en 1930.

Era una escuela mixta. De las primeras escuelas en este país donde las hembras y los varones compartíamos en las aulas y en los recreos. Estábamos juntos siempre. No había diferencias en el trato. Éramos iguales.

El uniforme era de kaki. Los varones pantalón y camisa y las hembras falda y blusa, camisera, con un lacito marrón como corbatín. Era una cinta de gro, como de dos dedos de ancho. Pero, el artistaje de la tía Cucha, a Xiomara y a mí, nos ponía un hermoso lazo de seda, como de tres o cuatro dedos de ancho. Esto alegraba el uniforme y nos hacía distinguir de las otras niñas.

Me parece que cuando yo estaba en segundo de primaria, o puede ser tercero, el colegio se mudó a la César Nicolás Penson 72, donde estuvo hasta que yo salí del mismo, a los 20 años de edad, después de haber cursado toda la escolaridad hasta el último año de bachillerato (entonces el cuarto de bachillerato) y haber dado clases como *teacher* por dos años. En realidad, empecé a dar clases cuando yo tenía 10 años, reforzando a los compañeros que por alguna razón estuvieran retrasados en alguna materia, actividad por la cual Mrs. Rodríguez me pagaba $10 mensuales. Era un salario enorme. Mi actividad magisterial fue continua, hasta mis 18 años, cuando me gradué de bachiller, y daba clases al mismo tiempo que seguía los estudios. Los dos años adicionales, ya yo era maestra titular a tiempo completo. Es decir, estuve en el Muñoz Rivera 12 años como estudiante/maestra y dos años más como maestra: 1946-1961.

Yo era feliz en el Muñoz Rivera. Me encantaba ir a clases. Disfrutaba a los maestros y me gustaba aprender. Muchos de esos maestros me marcaron. Nereyda Polanco, Mrs. Polanco, historia y geografía; Dinorah Delgado Mella, la teacher Dinorah, español; Clara Mercado de Langa, Mrs. Langa, inglés; José Ramírez, Mr. Ramírez, ciencias naturales; Haydée Rivera, Miss Rivera, inglés; Estervina Matos, "Tesorito", literatura; el profesor Chevalier, matemáticas superiores; Ramón Rafael Casado Soler, Mr. Casado, dibujo y moral y cívica. Casado es el autor de la canción dominicana de cumpleaños, la que aprendimos directamente de él. Era una persona con muchos conocimientos, antitrujillista, aunque nunca nos habló de sus ideas políticas, y llegó un momento que estuvo preso en la cárcel de tortura "La 40". La secretaria de la escuela era Marianela Hernández, con quien llegué a tener una gran amistad. Ivelisse Sanabia, solo un poco mayor que yo, alumna y luego maestra, igual que Ramona Rodríguez, Haydée Pina, y muchos otros que sería mucho mencionar.

Pero si tengo que mencionar el que considero el mejor maestro, debo señalar al director de la escuela, Mr. Rodríguez. Él enseñaba matemáticas a partir del quinto curso de primaria hasta segundo teórico, (que viene siendo 4to de ahora). Sumar, restar, multiplicar, dividir; quebrados, porcentajes, regla de tres (que enseñaba con la bandera dominicana, grande pequeño, grande pequeño...), binomio de Newton, Pitágoras. La base que nos proporcionó hizo que yo fuera muy buena en esta materia, no solo en la escuela sino en mi vida laboral toda, y en mi vida universitaria. Nos enseñaba a pensar, a racionalizar, procedimientos aplicables en cualquier rama del saber.

De los compañeros, hubo un grupo que hicimos la escolaridad de los 12 años juntos. Como es natural, algunos han muerto y los que no, nos mantenemos en comunicación, sobre todo por la facilidad de hoy en día a través de las redes sociales.

Fui siempre excelente alumna y creo que fui una buena maestra. Siempre he tenido el magisterio impregnado en el tuétano. Mi abuelo Despradel fue un maestro distinguido, y mi abuela, y todos los Despradel Brache fueron maestros. Unos más tiempo que otros, pero todos. En siendo Despradel o Brache, todos tenemos esa vena, y muchos de los descendientes van por el mismo camino.

Mi educación, por lo tanto, es una mezcolanza de los valores familiares aprendidos, complementados con los que recibía del Muñoz Rivera. Unos eran la continuación de los otros. Ha sido una perfecta mezcla, que agradezco al Señor, lo que ya reseñé al momento de la muerte de la directora del colegio, Mrs. Rodríguez:

15 de abril de 2010
"A Mrs. Rodríguez, con cariño.

"Una de las experiencias que más agradezco a la vida es haber recibido mi formación primaria y secundaria, creo que las más importantes, del Colegio Luis Muñoz Rivera.

"De esa escuela recibí lo que fue el complemento perfecto de mi educación hogareña. De mi hogar, de mi familia y del Muñoz Rivera aprendí que había que ser honesto, serio, trabajador, responsable, puntual y respetuoso de los demás, principios que he tratado de poner en práctica a lo largo de mi existencia.

"Para describir lo que significó el Muñoz Rivera para mí creo que nada mejor que referirme al himno de la escuela, a través del que pude trazar muchas pautas de mi vida, las cuales han sido de una ayuda incalculable para enfrentar todos los momentos bellos y dulces de mi existencia y otros que aparentemente no fueron bonitos pero que paradójicamente dejaron en mí recuerdos tan hermosos y lecciones de tanto provecho que estoy en disposición de volver a pasarlos por las secuelas fructuosas que dejaron en mi vida.

"Luchar 'todos en pos del ideal de nuestro amor'. En realidad, no he tenido que batallar para obtener cariño. El Señor ha sido tan generoso que me ha rodeado de amor todo el tiempo, a lo largo de toda mi existencia, por lo que agradezco ser una persona privilegiada en este sentido.

'Porque tus hijos sabrán honrarte, poniendo en alto tu noble ideal' con referencia a nuestro compromiso con la patria que nos vio nacer y crecer. Nobles fueron las enseñanzas del Muñoz Rivera que nos han servido de orientación a los tantos miles de egresados de sus nobles aulas.

"Y la frase final del himno, ¡Muñoz Rivera, colegio mío, yo a ti te quiero con el corazón!' resume mi sentir hacia ese plantel que tantas cosas hermosas educacionales, y en amor personal, me proporcionó en la vida.

"Al momento de su fallecimiento puedo decirle que de sus enseñanzas nada ha podido ni podrá alejarme. Hacia la cumbre. Naya".

Quise ser maestra a tiempo completo, pero el mismo Señor que me concedió la inapreciable mezcla de valores familia/colegio, no lo permitió. Tenía otros planes para mí, que me van a permitir no relatar en este recorrido de mi vida. Los que me conocen, saben a qué me refiero. No es necesario decir que el Muñoz Rivera permanece en un lugar muy especial de mi corazón, que ha sido siempre así y que así será por el resto de mi vida. Hasta el día de hoy, mantengo relaciones de amor, cariño y respeto con la familia Rodríguez Medina.

Calle Sánchez. 1949

Poco tiempo después de nacer Ivonna, nos mudamos de la calle Padre Billini a la calle Sánchez, donde solo estuvimos un mes, diciembre de 1948, porque era una casa de dos pisos, vivíamos en la planta de abajo y arriba vivía el dueño, el doctor Hernández (no recuerdo el nombre), que parece era una persona difícil y tuvimos que salir de la casa antes de lo esperado.

En esa casa, celebrando la Noche Buena, alguien encendió una pata de gallina y cuando estaba en sus finales, la tiró al aire y al bajar, le cayó en el hombro a la prima Luisiana Schéker, causándole una gran quemadura, que, afortunadamente, pudo curarse adecuadamente. Pero este episodio siempre ha servido como recordatorio de que se deben extremar las precauciones cuando se manejen fuegos artificiales.

El doctor Hernández tenía una hija, Rosita, que, al andar el tiempo, sería una gran amiga de la familia Dájer.

La calle Cabrera. 1949-1952

23 agosto 2014

Después de la calle Mercedes, nos mudamos a la Padre Billini, luego a la calle Sánchez y después a la Cabrera.

No recuerdo el número de la casa.

A esta morada nos mudamos en enero o febrero de 1949, porque Yvonna nació en la Padre Billini en febrero de 1948.

Esta nueva casa era hermosa. Amplia. Se entraba por un largo camino que conducía a los garajes, y había una entrada a la derecha por donde se llegaba a una galería semicircular y tenía unos bloques traslúcidos, según me parece recordar.

Aquí vivíamos Yoyo, Yeyé, Joaquín, Carmen, Badía, tía Cucha y tío Miguel, y los muchachos, las Dájer Piñeyro y los Despradel Dájer.

Si mal no recuerdo, esa fue la primera casa en la que teníamos teléfono, y el número era 6219. Era de pared, y estaba en el comedor.

Garaje dos carros

Servicio

Terraza

Walking closet

pasillo

Hab. Yeyé, Badía, X, M, Y, N, L y Ch

Baño blanco

Cocina

Comedor diario

Hab. C y M

Baño negro

Hab. Yoyo y Joaquín

Nevera, máquina coser

Habitación Carmen y Álvaro

Antesala

Comedor lujo

Galería

Sala

Solar

Jardín

Calle Ramón Santana

Calle Cabrera

Había dos salas, o por lo menos dos espacios que se usaban como salas. Una, llamaríamos antesala, a continuación de la galería y otra en el lateral derecho si se mira la casa desde afuera. En la primera había unos muebles informales y en la segunda estaba el juego de caoba que se había comprado en la calle Las Mercedes que describí anteriormente y que yo tengo.

De los recuerdos de esta casa iré señalando según las habitaciones o espacios por lo que empezaré por la galería.

Luego de un tiempo de ya mudados ahí, Príamo Morel pintó el retrato de Carmen, que ella tuvo en su casa por muchos años, hasta que a su muerte se lo pedí a Álvaro, quien me lo regaló y lo tengo en la sala de mi casa. La firma dice que es de 1951 por lo que, hasta ahora, creo que mi cronología anda bien.

Esta galería era sitio de juego de los niños y en ella me dio tío Miguel la única pela que me dio en todos los años que viví con él. Y como la pela no era gratuita, le dio otra de igual intensidad a Xiomara, porque habíamos peleado.

En la antesala me sentaba a oír música y recuerdo haber escuchado "Júrame", aunque no recuerdo quién la cantaba. ¿José Mojica, Fernando Albuerne, el doctor Ortiz Tirado? También recuerdo "Pecado" y ésta sí creo que era cantada por Albuerne.

A la izquierda, estaba el comedor de lujo, con el juego de comedor que sobrevivió hasta mis hijos y del que Yanna aún conserva el seibó. Ese comedor nunca se usó, excepto para una que otra fiesta que organizaba Carmen, a quien siempre le gustó socializar en familia y con amigos cercanos. En una de esas fiestas recuerdo que estaban Alba María Delgado (hermana del tío Álvaro) y Manolo Álvarez, que no eran novios todavía, pero que poco tiempo después lo fueron.

Como dicho, a la derecha de la antesala estaba la sala de lujo, que no se usaba, hasta que a mi hermana Chello se le declaró una difteria, enfermedad muy contagiosa, y Joaquín indicó que había que ponerla en aislamiento. Esa sala se preparó como una habitación y mi mamá, que vivía en un pueblo, vino a la capital para cuidarla y se internó con ella por dos o tres semanas hasta que hubo una remisión completa de la enfermedad. Sixto Incháustegui de nuevo tuvo participación en el tratamiento. Dicen que Chello se salvó en tablita, Dios sabe para qué.

Detrás de la antesala había un espacio que se utilizó para poner la nevera y la máquina de coser. Aquí es que recuerdo que la tía Cucha me amarraba una cinta negra de un vestido rosado de organdí, que ella diseñó.

Después estaba el comedor de diario y de todo. Allí se jugaba, se conversaba, se hacían las tertulias familiares. Se recibía a las visitas. Era comedor–family.

En esos años, se puso de moda la música americana, y los bailarines cargaban a las muchachas, les daban vueltas y las pasaban por debajo de las piernas. Yo intenté hacer uno de estos movimientos con Miguelina, por supuesto sin habilidad ninguna de mi parte, y al tratar de halarla de atrás hacia adelante debajo de mis piernas, Miguelina se dio un tortazo tremendo contra el piso y se le inflamó la boca. Por suerte, no se le partió ningún diente. No me regañaron. Se ocuparon de atender a Miguelina.

Entre los recuerdos que vamos trayendo a la mente está que en esta casa era que Joaquín nos vacunaba todos los años contra el tifo (no sé qué es el tifo), lo que hacía que todos saliéramos corriendo y había que correr detrás de nosotros para agarrarnos. Esa vacuna hacia una reacción muy dura, y la peor reacción era la mía. Me daba fiebre y me tumbaba el brazo, con unos dolores horribles, por muchos días. A Heriberto Schéker lo mandaban en bicicleta desde la calle Imbert, bajo la amenaza de que lo iban a poner de castigo si no se vacunaba.

Supongo que la vacuna del tifo es historia de la medicina, porque en los tiempos recientes no he oído hablar de esta vacuna y a mis hijos nunca se les vacunó contra este mal.

En el primer dormitorio, al lado de la antesala, primero dormían Yeyé y Carmen, mutual que compartió habitación hasta que Carmen se casó. Ya casada Carmen, en esta casa, en diciembre de 1949, esa habitación se les dejó a ella y a Álvaro y Yeyé pasó a la habitación del fondo, que era verdaderamente grande. Cabían cuatro o cinco camas, muy holgadamente.

Luego estaba el baño negro. Era pequeño pero muy bonito. No recuerdo si tenía unos detalles en amarillo. Los muchachos usábamos ese baño solo ocasionalmente, porque el nuestro era el blanco.

Después estaba la habitación de tía Cucha y tío Miguel y luego el baño blanco, amplio, espacioso.

Llegamos a la habitación del pueblo. Los muchachos, seis, Badía y Yeyé. Había un clóset inmenso, a todo lo ancho de esa habitación, dentro del cual se podía caminar.

En una ocasión en que estábamos jugando yax Xiomara, Miguelina y yo, Yvonna, muy pequeña, debía tener tres años, decidió meterse los yaxs en la boca. De alguna manera pudo expulsarlos todos, pero uno se le quedo atragantado y casi no podía respirar. No sé cómo tía Cucha se dio cuenta, le metió la mano en la boca, y agarró el yax por una de las esquinas, pero no lograba sacar el aditamento. A los gritos de todo el mundo, llegó Yoyo a la habitación y quería que tía Cucha sacara su mano para él agarrar el adminículo, a lo que tía Cucha se negaba. La desesperación de todos fue espantosa. Llegaron a oídos de mi mamá que estaba en la habitación de adelante con Chello con fiebre en 40 y fue a ver qué pasaba porque los chillidos eran terroríficos. Le explicaron como pudieron lo que sucedía, mi mamá levantó a Yvonna por los pies, con la boca hacia abajo, y le dio una palmada muy fuerte por la espalda. El yax salió… Todavía ahora, contándolo, más de 60 años después, me dan escalofríos por la situación tan angustiosa que se vivió en aquel momento. Pienso que deben haber sido varios minutos, porque dio tiempo a que Yoyo llegara, a que quisiera intervenir, a que mi mamá escuchara, seguro pensó unos segundos que algo serio ocurría antes de decidirse a ir a ver qué pasaba, recorrer el pasillo, llegar a la habitación, oír las explicaciones, agarrar la niña, y sacudirla. No fueron pocos los segundos de angustia, fueron muchos, pienso que más de un minuto.

En ese clóset, en un enero, guardaron unos regalos de día de Reyes. Ya yo tenía 10 u 11 años, y ya me había enterado que los Reyes no existían. Un año anterior nos habían dicho que si queríamos ver a los Reyes, pusiéramos ron y yerba en la habitación de Yoyo, donde los Reyes pasarían a buscarlos. Por supuesto, no vimos los Reyes.

La cocina era grande. Era una casa enorme. Cuando nos mudamos ahí, Carmen llevó una señora para que se encargara de cocinar, a la que dijo había contratado por $13 pesos. Y repetía, $13 pesos (era una suma muy grande), queriendo decir que era una persona de experiencia y que Yeyé y Badía podían salir de la cocina. Carmen la dejó por la mañana y cuando, en la tarde, ella regresó del trabajo, Yeyé y Badía le dijeron que la señora se había ido.

Por este recuerdo de esa señora viene a mi memoria Pin, de quien les dije iba a hablar en algún momento. Pues bien, Pin era una señora que ayudó a mi abuela Yeyé a levantar los muchachos que había en la casa de los Dájer. Fueron muchos años hasta que Pin, que vivía en Bayona, no pudo seguir desempeñando esas tareas, pero siguió en contacto con la casa ahora como lavandera, para lo cual venía a la ciudad todos los lunes a llevarse la ropa sucia, sabanas, manteles, toallas, y traía limpia la que se había llevado la semana anterior. Para este proceso, Badía anotaba en una libreta los efectos que se despachaban, ocho toallas, tres sábanas rosadas, cinco sábanas azules, diez fundas de almohadas, etc. Con el mismo consiguiente, se cotejaba la ropa traída con la correspondiente lista de la semana anterior. Nunca faltó ni sobró nada. Todo este intercambio se hacía a caballo. Pin venía a caballo y en las árganas se transportaba la ropa. Esto sucedió por muchos años, yo misma acabé utilizando los servicios de Pin, hasta que ella no pudo más realizar este servicio y siguió su hija Cuchó, que también venía a caballo hasta que un día vino en un taxi, un carro público. Los tiempos se habían modernizado. En la familia Dájer, de alguna manera siempre se menciona el nombre de Pin.

Joaquín y Yulia se casaron viviendo nosotros y la celebración se hizo en casa de María Dabas y Manzur Jana, que vivían en la Padre Billini. Los recién casados pasaron su luna de miel en La Romana, en la casa de mi papá y mi mamá. No recuerdo dónde vivieron después de casados. No recuerdo dónde nació Aixa.

Carmen y Álvaro también se casaron viviendo nosotros en esta casa. Fue un matrimonio por la iglesia, Carmen con un vestido muy bonito que le hizo Badía, y yo pegada de los novios. En el retrato que tengo, por el pasillo de la iglesia, me veo yo detrás de ellos. Yo tenía el vestido rosado de crespón que me había hecho mi tía Josefita Despradel, de La Vega, en una máquina de cadeneta que aún tengo.

La celebración se hizo en la terraza de atrás de la casa, que era muy grande. Y como era costumbre entonces, con unos tanques de 55 galones llenos de hielo, donde desde temprano se ponía la cerveza a enfriar. Entre los papeles que recogí en la casa de Carmen y Álvaro me encontré, y tengo, una lista de los regalos.

No recuerdo dónde pasaron la luna de miel, pero sí que se quedaron a vivir en la Cabrera hasta que construyeron su casa en la Wenceslao Álvarez, lo que no tomó mucho tiempo. Quizás un año.

El colegio era de dos tandas y cuando llegábamos a las 11 de la mañana, a las hembras nos dejaban en blumitos (pantis)

171

para que nos refrescáramos. La casa tenía un gran jardín en la parte de alante, pegado a la calle, donde jugábamos. Un día pasó la guagua del colegio, llena de muchachos, y se rieron de nosotras porque estábamos en cueros. Nunca más jugamos así.

La cocina era de carbón. Todavía no habían llegado las estufas, aunque sí había ya nevera. No había televisor. Es decir, no había televisión en el país.

A esa casa fueron a vivir los Schéker–Ortiz por unos meses, en lo que construían su casa en la calle Imbert, San Carlos. La nueva vivienda la construyeron en el mismo sitio donde estaba la que tenían, por lo que se mudaron a la Cabrera hasta terminarla. Recuerdo los pleitos de tía Cucha con Luisito cuando debíamos salir a una hora determinada y el primo se tardaba añales tratando de hacerse una onda en el pelo.

No recuerdo si tío Miguel tenía carro y creo que mi papá y mi mamá llegaron a vivir unos meses en esa casa porque recuerdo que el doctor Marcial Martínez Larré, secretario de salud, iba a la casa y procuraba a mi papá.

Tío Miguel, Álvaro y mi papá jugaban softball. Unas veces en el estadio de la Pepsi Cola, de los Martínez, al cual iba Salvador Martínez, hermano de Horacito, que jugaba. Salvador se sentaba en las gradas y le voceaba a todos los peloteros cuantas chanzas, bastante pesadas, se le ocurrían. Si uno de los jugadores era pequeño le voceaba "Coca Cola de a ocho" que era el valor de la botella pequeña de este refresco. Al utilizarse la botella más grande, el precio era de diez centavos.

Otras veces jugaban en Villa Duarte, entonces llamada Pajarito, y recuerdo que uno de los jugadores era Niní Guerra. Creo que había un lanzador muy bueno, Otilio Suazo. A estos encuentros softbolísticos, nocturnos, iban las esposas y los hijos de los jugadores.

Al cruzar la calle Cabrera, había un vivero del ayuntamiento, que recorríamos para llegar a la Máximo Gómez, cruzando la cual, había otro vivero.

Estos viveros están totalmente construidos, ya no existen... En el primero está un centro comercial en la acera que da a la Máximo Gómez, y atrás, en la Cabrera, hay edificios de viviendas. Al otro lado de la Máximo Gómez, donde estaba el segundo vivero, está el supermercado Nacional y la bomba de Sucre Bello.

No quiero causar chismes familiares, pero las preferidas de Yoyo éramos Miguelina y yo y él no tenía especial simpatía por Xiomara y Luis Antonio. A Chello e Ivonna como que les ponía poca atención.

A Miguelina, que tenía el pelo negro, largo, le decía "mi princesa oriental".

Años más tarde, después de nosotros, en esa casa vivió Jesús Hernández López-Gil, para los Despradel, el tío Jesús, uno de los españoles refugiados que vivió en casa de los abuelos Despradel-Brache, por lo cual en las generaciones más jóvenes siempre fue el tío Jesús. Visitó a los tíos Luis Enrique y Mery hasta la muerte de ellos. Nunca se casó, sino a una avanzada edad, con la doctora Celia Soto, quienes vivieron en esta casa. No sé hasta cuándo.

Actualmente la casa es la número 203, y la Cabrera ahora es la Mahatma Gandhi. Creo que la casa era número 5 cuando vivíamos en ella, puesto que la calle, por el sur, empezaba en la Juan Sánchez Ramírez y terminaba en la Bolívar.

La Máximo Cabral. 1952-1964

La Máximo Cabral eran en realidad cuatro casas, según detallo más abajo.

Calculo que nos mudamos a estas casas en 1952, tomando como referencia el retrato de Carmen que ya he explicado que lo pintó Príamo Morel en 1951 cuando vivíamos en la Cabrera.

Aquí se me confunden un poco los pensamientos. Recuerdo que cuando íbamos al Muñoz Rivera, en el carro de la familia, (ya la familia tenía carro), al regreso a la casa bajábamos por una calle que era un pedregal, era una bajada bastante pronunciada, desde la César Nicolas Penson hasta la Bolívar. Debió haber sido un carro de tío Miguel, estoy casi segura, y lo manejaba un chofer (tío Miguel ya era funcionario público de cierto nivel).

Pero sí estoy segura de la calle empinada, pedregosa, que corre de sur a norte. Todavía se llama Máximo Cabral y va desde la Bolívar hasta la México, aunque interrumpida por el complejo de la Biblioteca Nacional.

Bueno, el caso es que se terminó la calle para lo cual tuvo que usarse dinamita, y nos mudamos allí, aunque creo que todavía explotaban un poco cuando nos mudamos porque incluso recuerdo que ese procedimiento produce unos alambritos de colores, parecidos a los que se utilizan para cerrar fundas, y con esos alambritos hacíamos anillos.

Según las historias de familia, la casa de la Máximo Cabral pudo hacerse porque Trujillo llamó un día a tío Miguel, que era secretario de estado, y le preguntó si tenía casa propia y al tío Miguel responder que no, Trujillo abrió la gaveta de su escritorio y le dijo al tío: coja ahí lo que necesite para que haga su casa. Entiendo que tío Miguel hizo las cuatro casas completando con un préstamo del Banco Agrícola, del cual él había sido empleado por muchos años y luego llegó incluso a dirigirlo. Carmen también trabajaba en aquel banco en ese momento y ahí era que se depositaban las cuotas mensuales de las casas, por lo que también prestaba para construirlas. Los Dájer pagaron la casa, mi papá pagaba su cuota, y así es como se inició la historia de la Máximo Cabral, que, aunque ha sufrido numerosas deserciones de los Dájer en segundo y en hasta cuarto apellido, 62 años después de su inicio, aún están allá Aíxa, Rubén y Micky, los hijos de Joaquín y Yulia. Empresarialmente, las cuatro casas pertenecen a los hijos de tío Salvador, que las fueron comprando poco a poco, según iré detallando a lo largo de estas notas.

Eran cuatro casas, dos y dos, separadas por una marquesina. Este no es el plano exacto, pero más o menos.

Casa número 4		Casa número 3		Casa número 2		Casa número 1
Máximo Cabral #5B		Máximo Cabral #5A		Máximo Cabral #3B		Máximo Cabral #3A
Cuarto de servicio	Lavadero	Lavadero		Cuarto de servicio	Lavadero	Lavadero
Terracita	Cocina	Cocina		Terracita	Cocina	Cocina
Comedor diario	Patinillo	Comedor diario		Comedor diario	Patinillo	Comedor diario
Dormitorio	Dormitorio	Dormitorio		Dormitorio	Dormitorio	Dormitorio
Baño	Dormitorio	Baño		Baño	Dormitorio	Baño
Dormitorio		Dormitorio		Dormitorio		Dormitorio
Comedor lujo		Comedor lujo		Comedor lujo		Comedor lujo
Sala		Sala	Marquesina	Sala		Sala

La casa más al sur, la que he llamado casa 1 y que corresponde a la Máximo Cabral 3A, era inicialmente ocupada por tío Miguel, tía Cucha y sus tres hijas. La casa número 2, la Máximo Cabral 3B, por Yeyé, Yoyo y Badía. A continuación de la marquesina estaba la 5A, casa 3, por Joaquín y Yulia y sus tres hijos, y la 5B, por mi papá y mi mamá y nosotros tres.

En la Máximo Cabral, los Despradel Dájer iniciamos nuestras vidas con nuestros padres, ya que después que mi papá trabajó en La Romana no fue a otro pueblo. Creo que inició su labor en el Salvador Gautier, fecha que tengo que determinar porque tengo una foto de los inicios del Gautier donde está mi papá y por esa foto puedo establecer la fecha de inicio de su labor en ese hospital. La fecha es 1951.

El frente de la casa #3 estaba pintado de verde y mi papá quiso que el frente de la casa de la número #5 estuviera pintada de azul.

Desde estas casas, las tres primas Dájer Piñeyro y los tres hermanos Despradel Dájer, por varios años, nos íbamos a pies al Muñoz Rivera, que estaba en la César Nicolás Penson esquina Nicolás de Bari, (hoy Federico Henríquez y Carvajal) local en que luego estuvo el Santa Teresita de grandes y donde hoy hay un banco, el BHD.

Era una comunidad Dájer, y todos nos llevábamos muy bien. Por supuesto, la casa materna era la de Yeyé. En un principio, Yoyo estaba molesto con la localización de la casa porque decía que vivíamos en el campo, con los pajaritos, teniendo en cuenta que la ciudad, prácticamente, llegaba hasta la Máximo Gómez y la Máximo Cabral estaba justo a una cuadra hacia el este de la Máximo Gómez. De la Máximo Gómez hacia el oeste, las calles eran pocas y las casas se podían contar con los dedos de la mano y sobraban dedos, aunque la urbanización se extendió rápidamente con el zoológico, y hoy están el Parque Iberoamericano y el Conservatorio Nacional de Música y se construyó el Colegio La Salle.

Yoyo y su cojera, aun así era muy elegante. Usaba un bastón con mucho garbo, y todas las tardes, usando saco y una corbata negra, muy refinado, se iba al restaurant 1 y 5, o a la sucursal del 1 y 5, ambos frente al Parque Independencia, dicen que iba a piropear a las muchachitas. Regresaba a pie a la Máximo Cabral, que en realidad no estaba muy distante.

Creo que nuestra casa era la única en la calle, aunque pronto se construyó la casa de la esquina Bolívar, donde vivían unos familiares de Pepe Velázquez, que era un español, de los del colmado de ese mismo nombre, en la zona colonial. Sus parientes aún viven ahí.

Al lado de la casa de tío Miguel construyó el mismo Pepe, cuya esposa era una española muy linda que recuerdo en aprestos organizativos para la visita del príncipe Juan Carlos cuando era cadete de la marina española, y el buque de entrenamiento, el Juan Sebastián Elcano, visitó nuestro país en los años 50.

Las casas todavía tenían cocinas de carbón y había una tubería que iba hasta el baño, y teníamos agua caliente. Pero, en la Máximo Cabral llegaron las estufas Tropigas y los calentadores de agua.

Quipes, repollitos, tapule, Navidad, Año nuevo. Comida árabe de Yulia y de la mamá de la tía Yulia.

En la Máximo Cabral empecé a darme cuenta de la comida árabe. La más representativa de la casa, por supuesto, eran y son los quipes. La preparación de éstos ha sido siempre muy elaborada. No voy a incluir la receta, sino el procedimiento.

La masa, que había estado a cargo de Badía, pasaba a Yeyé. Los muchachos íbamos haciendo bolitas, que Yeyé ahuecaba, rellenaba y cerraba. El quipe estaba listo para freír.

Recuerdo que en los inicios, los quipes eran relativamente grandes y Yeyé los ahuecaba por un extremo, los cerraba y luego los ahuecaba por el otro extremo, esto así para que el producto tuviera una masa fina, uniforme. Luego, tío Miguel sugirió que los quipes podían hacerse un poco más pequeños y ahuecarse por un solo extremo. Desde entonces, este fue el procedimiento que usamos, el cual persiste hasta ahora.

Yeyé los cerraba con la punta de los dedos, con lo que el quipe estaba en posición vertical, apuntando hacia arriba; quedaban bien, pero no exactamente un prodigio de estética. Entonces, cuando a la Máximo Cabral llegó a vivir Rubén Darío Paulino con Sonia Lalane, también llegaron unas tías de ella, Zumaya y Nejia José, árabes, que utilizaban otro procedimiento para cerrar. El bollo ya relleno, lo ponían en posición vertical, pero con la boca hacia abajo y cerraban con el empeine de las manos, especialmente Nejia, que era una mujer muy grande, con manos muy grandes, haciendo de cada lado una punta muy bonita, que se tuesta muy agradablemente cuando se fríen. Yo utilizo la técnica de las José para cerrar.

El relleno se preparaba poniendo la carne molida cruda en aceite frío, se encendía el fuego y la carne se iba cocinando, sazonada con cebolla, sal y pimienta y aceitunas verdes partidas en lasquitas. Al ir rellenando los quipes, a cada uno se les ponía una pasa.

La carne, por supuesto, se molía en la casa, en una máquina de moler manual. Según entiendo, antes, para obtener la carne molida, también se majaba hasta que estuviera como si fuera molida. Después, la carne se compraba ya molida... Habían llegado los supermercados, y el primero que estuvo cerca de la Máximo Cabral, en la Bolívar con Cayetano Rodríguez, fue el Oliva, que ya tenía su propia carnicería.

Como su nombre lo indica, ese supermercado era de un señor apellido Oliva, español, cuya hija, Elenita, estuvo con nosotros en el colegio Muñoz Rivera. Años después, este comercio lo adquirieron don Armando Rivero, español, y su esposa, doña Teresa Noguera, dominicana, que lo poseyeron por largos años y mantuvieron el nombre. No había costumbre de hacer compra semanal, y mi mamá, que ya estaba a cargo de la cocina para Yeyé, Badía, Yoyo y nosotros cruzaba al Oliva cuatro o cinco veces al día, a buscar salsa, o sal, o una libra de cebolla, o lo que fuera. Tía Cucha, tío Miguel y sus hijas se habían mudado a la José Contreras.

Por supuesto esta costumbre de comprar la comida todos los días era de la época cuando en las casas no había neveras. Cuando vivíamos en las Mercedes, Luisiana recuerda haber ido al Mercado Modelo con Yeyé. El mercado quedaba a unas dos cuadras de distancia ya que la casa estaba en la esquina Santomé. Se subía una cuadra en esa calle y se llegaba a la avenida Mella, media cuadra a la derecha, y ahí estaba el Mercado Modelo.

Todavía en la Máximo Cabral, Yeyé iba todos los días al mercadito de la Palo Hincado a hacer la compra de la comida del día. Siempre era sopa, arroz, habichuelas y bistec, acompañados de ricos plátanos maduros fritos. La sopa era una costumbre en todo el país, y era un primer plato. Los domingos se hacía pollo guisado.

Como Yeyé hacia la compra diariamente, tío Miguel le regaló un carrito crema, no sé si era Hilman, o algo por el estilo, y le contrató un chofer, Ramón, quien limpiaba el carro a conciencia todos los días, pero los tapasoles no los limpiaba por detrás. Tenían una gran acumulación de polvo, estaban negros, y un día que me atreví a decirle que estaba sucio, él me respondió que eso no se limpiaba.

Bueno, pues, aunque desde la Padre Billini hacía tiempo que había nevera, en la Máximo Cabral todavía la compra se hacía diariamente, pero ahora en el supermercado Oliva.

Se formó una gran amistad entre los Dájer y los del supermercado, don Armando y doña Teresa, especialmente mi mamá, afecto que perduró hasta el día de su muerte en el 2001.

Aunque pueda parecer excesivo detallar acerca del arte culinario árabe, como lo he hecho hasta ahora, ha sido porque dentro de esa cultura alimenticia he estado envuelta desde siempre y que tengo como legado por ser parte de las familias de esa nacionalidad que llegaron al país que conforman mis vivencias y las suyas aquí descritas y, porque creo además que con ese tal vez exceso descriptivo, extiendo en mi recorrido de vida un reconocimiento al vasto segmento de esa etnia que, con fuertes raíces, ha participado con aportes de todo género de forma sobresaliente en el discurrir histórico de nuestro país desde que comenzaron a llegar nuestros primeros ascendientes.

Siguiendo a esa gran variedad de alimentos, sabrosos todos y cuyo símbolo son los quipes y los repollitos, Yeyé particularmente los hacía el 24 y el 31 de diciembre para recibir a todas las familias Dájer, Schéker y Dargam.

Siempre había cerdo asado, que algún subalterno de tío Miguel le enviaba. Había pan de telera. Al finalizar la noche, Badía cubría el resto de comida con una parte del mantel, y el mejor desayuno del día 25 de diciembre era un buen plato de ensalada.

Luego, la celebración del 24 de diciembre se trasladó a casa de Carmen y Álvaro, que celebraban la Nochebuena y a la vez su aniversario de bodas. Con Carmen, se mantuvieron los quipes, repollitos, la ensalada de papa, se incorporó el pavo trufado, con la receta de doña María Teresa Conde de Rodríguez que todavía hago en mi casa, cuando recibo a todos el 31 de diciembre, que lo hecho desde que vivo en el Ensanche Julieta, y venían Badía, mi mamá, Carmen y Álvaro, que eran los sobrevivientes de la familia. Álvaro siguió viniendo después de muerta Carmen, vino hasta el año en que se cayó y tuvo una fractura de pelvis. Carmen también incorporó un jamón glaseado y Álvaro continuó trayendo el jamón a mi casa y aquí lo glaseábamos.

En las fiestas donde Carmen, además de los Dájer Schéker participaban los Delgado Conde, la familia de Álvaro.

Ahora, las celebraciones de las fiestas de Navidad, hacemos el 24 en casa de Chello y el 31 en mi casa. Mientras Rafael estuvo vivo, disfrutó enormemente ver a la familia aquí reunida, y se vestía a las 6 de la tarde para recibir a los invitados. Después de la muerte de Rafael, he seguido festejando el 31 aquí, con el aumento de los nietos míos y sus novias, y la rumba de nietos que tiene Chello.

Debo mencionar que desde que celebramos el 31 en mi casa, participan los Blonda Fondeur, Avilés, mientras estuvo vivo, y todavía hoy Josefina con sus hijos y nietos.

Entre Chello y yo planeamos estos festejos diciéndonos "yo los repollitos y tú los quipes", los que no pueden faltar.

El 31, el pavo trufado, que es deshuesado y relleno, se sigue haciendo en casa.

He consultado con mis primas, las Dájer Piñeyro, porque recuerdo que cuando Yeyé iba a hacer ese molido de garbanzo con tahine, decía que iba a hacer una "marusa". Ése es mi recuerdo y mis primas estuvieron de acuerdo conmigo. En consulta con una amiga libanesa que tengo, me dice que esa denominación puede ser propia del pueblo del cual procedía la abuela, así que que el "tahine" sigue siendo marusa para nosotros. El nombre real de este plato es hummus.

No sé cómo se hacía el pescado con tahine antes de existir en las casas las estufas con horno y los moldes para honear. Nunca se me ocurrió averiguar con mi mamá o con sus hermanos y ahora me surge la curiosidad.

Como he dicho, Yeyé no era gran cocinera. Quizás vino muy joven a República Dominicana y no aprendió lo suficiente en su tierra. La mamá de Yulia hacía recetas que nunca vi en casa de Yeyé y que yo aprendí a hacer, como arroz con garbanzo; arroz con pollo frito y garbanzos; arroz con pescado y pollo al horno, relleno de arroz, todo al estilo árabe.

Terminando ya con este asunto de la comida, me reintegro a la vida en la Máximo Cabral.

Cuando los Dájer Piñeyro todavía vivían en la Máximo Cabral, comían en casa de Yeyé, iniciando por tío Miguel que se desayunaba con un bistec de Yeyé, y con un pan, sin mantequilla o poca. Ya tío Miguel había alcanzado posiciones de importancia en la administración pública y muchas veces algunos de sus subalternos llegaban a la casa bien temprano y se les ofrecía el mismo desayuno de tío Miguel. La mesa de diario era un lujo: de formica, amarilla, con las sillas forradas en plástico, a las cuales Badía hacía un forro de tela al asiento y al espaldar, para que las sillas se conservaran en mejor estado. ¿Cuánto tiempo se usó este comedor? Creo que hasta que Badía murió en 1987.

La casa número 3, la Máximo Cabral 5A, era habitada por Joaquín y Yulia Dabas, y sus tres hijos: Aíxa Rosa, Rubén Santiago y Miguel Asís. Estos no estuvieron nunca en el Muñoz Rivera.

Joaquín era médico pediatra asimilado del hospital Marion. Increíblemente, Joaquín nunca aprendió a manejar por lo que nunca tuvo vehículo, y para ir al hospital, relativamente cerca de la casa, Nené Cuello lo recogía todos los días. Nené era el marido de Italia Piñeyro, hermana de tía Cucha. Era también médico asimilado y trabajaba en el mismo Marion, como médico ginecólogo.

En 1969, un día, Yulia recibió una llamada de su hermana Gloria, que vivía en la calle Espaillat y le preguntó si Nené Cuello había pasado a buscar a Joaquín a lo que Yulia le respondió que no. Entonces Gloria le dijo que averiguaran qué pasaba porque en la calle Espaillat había muerto a tiros un oficial del ejército y ella pensaba que podía ser Nené Cuello, que vivía en esa misma calle. Efectivamente, el muerto resulto ser Nené, víctima de los tiempos postrujillo que se vivían de inconformidades sociales, y se mataban guardias y policías para robarles sus revólveres. Nené Cuello fue víctima de esa situación. Los guardias y policías, a su vez, hacían lo mismo con los comunistas...

Luego estábamos nosotros. Mi papá y mi mamá dormían en el dormitorio a continuación de la sala, Luis Antonio dormía en el del medio, que estaba atravesando el pasillo, frente al baño, y Chello y yo dormíamos en la última habitación. Una noche, tarde, no sé cómo, me desperté y vi que Chello se había levantado y caminaba hacia la sala. Yo la seguí y como vi que salía a la calle, me devolví, llamé a mis padres que se levantaron rápidamente, y los tres salimos detrás de Chello que ya casi estaba llegando a la Bolívar, por la acera de enfrente de la casa. Logramos detenerla y regresarla a su habitación. Todavía hoy converso con Chello, que recuerda perfectamente el episodio, y ella no sabe explicar qué pasó. ¿Sonambulismo? No sabemos.

Un día, en el colegio, a las 4 de la tarde, las clases eran hasta esa hora, yo estaba jugando voleibol y, por supuesto, Chello no podía irse a la casa sin mí. Ella no tenía edad suficiente para irse sola. Le dije que me esperara un tiempito para yo terminar de jugar y entonces regresamos a la casa. Chello tenía fiebre. Por supuesto, el no llevarla a la casa en momentos que ella tenía fiebre, me causó un complejo de culpa. La misma situación se produjo tiempo después, que Chello quería irse a la casa y yo, por supuesto, me la llevé casi corriendo, para que no se repitiera la situación anterior. Chello no tenía fiebre.

Meses después de nosotros llegar a esta calle, al lado de nosotros, Bolívar Patín hizo una casa. No recuerdo si él la vivió, pero poco después llegó una familia compuesta por don Puchungo Henríquez, su esposa, doña Veva Castro, sus dos hijos, Dandán y Ángela y una prima de doña Veva, Nené Castro. Llegaron antes de 1961, pues cuando el magnicidio de Trujillo, ya ellos tenían muchos años viviendo ahí. La historia de los Despradel Dájer, de los Dájer Piñeyro y de los Henríquez Castro merecerían un capítulo de estos recuerdos de vida porque aún hoy en día tenemos relaciones de amistad, casi de familiaridad, pero, al mudarnos de la Máximo Cabral, perdimos el contacto con los Henríquez Castro. Todos murieron, digamos que de muerte natural, excepto Angelita que fue víctima de un asalto en el cual perdió la vida. Fui a su misa, y pude ver a la viuda de Dandán y a una hija suya, me identifiqué, y ellas supieron de que éramos los vecinos que por tantos años habíamos cultivado una hermosa amistad.

Siguiendo hacia el norte, al lado de don Puchungo Henríquez, vivía don Fabio Ramírez, casado con una señora nicaragüense, dona Celia, (maestra de piano que alfabetizó musicalmente a mi hijo José Rafael) y en la esquina Caonabo construyó su casa Fidel Méndez, cuyos hijos, Mercedes Luisa y Fidelito, y nosotros nos hicimos grandes amigos.

La televisión llegó viviendo nosotros en la Máximo Cabral. En nuestra casa no había televisor, en realidad, el único televisor estaba en casa de Yeyé, y toda la familia nos reuníamos allí para ver la programación, especialmente la Semana Aniversaria de La Voz Dominicana, y las series de entonces, Boston Blakie y otras que ahora no recuerdo. Hablo de 1952.

Por supuesto, la televisión era blanco y negro y la programación era en dos tandas, al medio día y un rato por la noche.

La entretención mayor era, pues, la radio. El aparato de radio de mi casa estaba en la sala, donde yo me sentaba a escuchar los programas de la nochecita y recuerdo que uno de los locutores era Fernando Casado, que después se dedicó al canto, y ha sido uno de nuestros artistas más distinguidos.

No tengo remembranza de ninguna canción en específico, pero había un cantante español que se escuchaba mucho: Gregorio Barrios. No cantaba españolerías y buscando hoy en Internet qué canciones eran las más conocidas, encuentro Abril en Portugal y Dos cruces, las cuales recuerdo perfectamente.

Nunca he sido atlética. Cuando hablé de jugar voleibol, en realidad, era un intento. Me decían "la chiquitica" y nunca pude servir pasando la pelota por la malla.

Un día se me ocurrió montar bicicleta en la acera de la Máximo Cabral donde vivíamos. Me monté en la esquina norte, en la Caonabo, y bajé. La cuesta hizo que la bicicleta se disparara, y al llegar a la marquesina de nuestras casas, en el contén inferior, la bicicleta saltó y yo con la bicicleta. Me caí, y vi que la mitad de mi antebrazo izquierdo se disparaba hacia arriba. De inmediato comprendí que me había fracturado el hueso. Entré llorando donde Badía. Creo que mi mamá no estaba en la casa porque entré donde Badía, quien al ver la situación comprendió de inmediato que efectivamente había fractura. En la casa no había carro, excepto tío Miguel, nadie tenía carro. Pero en ese momento había un técnico de R. Esteva que estaba arreglando la nevera de Yeyé y él se ofreció a llevarnos donde mi papá, que estaba trabajando en un consultorio que tenía en la calle Juan Erazo. Hoy no sé dónde está, pero yo pude guiarlos hasta llegar donde papi. En su consultorio no había teléfono.

Mi papá en ese momento se encontraba con Marino Cedeño (hermano de Pedro Livio), que tenía una farmacia en frente y Marino le dijo a mi papá que él iba a buscar yeso en su farmacia para que me enyesaran. Por supuesto, mi papá le dijo que no y fuimos al hospital Gautier, donde estaba el doctor Simón Hoffiz, quien me enyesó. Creo que fue en las vacaciones de pasar al séptimo curso (que hoy es 1ro de secundaria), me pasé todas esas vacaciones enyesada, leyendo novelitas de Corín Tellado y jugando parché con los Henríquez Castro.

Creo que, en 1957, tío Miguel y tío Salvador decidieron que Joaquín se fuera a México a hacer una especialidad en pediatría, la cual duraría varios años. Joaquín se fue con Yulia, Aixa y Micky, por lo que la casa de ellos se desocupó. Nosotros pasamos a ocupar esa casa y la anterior nuestra, la 5B, se alquiló.

Ahí vivieron varias familias. Creo que los primeros fueron un árabe casado con una dominicana, que tenían varios hijos. El árabe golpeaba constantemente a su mujer...

Luego vivió Marcelino Plácido, uno de los cantantes de la orquesta Santa Cecilia, de Luis Alberti. Después vino Clotilde, hija de doña Elena, la esposa de Pedro Trujillo, que vivía cerca, en la Caonabo. Clotilde era muy simpática, y la visitábamos constantemente. La última en vivirla fue la tía Olga (1961-1966) y luego Rafael y yo (1966-1972).

En esta segunda casa en que vivimos, yo cumplí quince años. No me hicieron fiesta, pero mis abuelos de La Vega, papá Luis y mamá Lola vinieron a visitar a su bella nieta. Mamá Lola era especialmente educada, como buena Brache Ramírez de Arellano, quienes siempre se han considerado como herederos de sangre azul.

Ese día tío Miguel, como hacia frecuentemente, se fue a jugar softball, y al regreso a la casa, pasó a visitarnos, y muy alegremente saludó a mi abuela, "hola, doña Lola, que bueno que está aquí. Vámonos a Boca Chica, al Buxeda bar, a menear la cola" Era evidente que el alcohol estaba jugando su parte, el bar mencionado no muy buena reputación, pero la frase ha quedado como recuerdo simpático en nuestras vidas. "Vamos a menear la cola" es sinónimo de vamos a divertirnos.

En esa casa me llevaron mi primera serenata, de las dos que he recibido en mi vida. Eran los mellizos Pichardo, muy buenos cantantes, y la serenata era de parte de uno de ellos. Yo abrí la ventana de mi cuarto y les di las gracias. Inmediatamente apareció mi mamá, cerró la ventana, y me dijo que si yo era loca. Que eso no se hacía...

Pasando el tiempo, tía Cucha y tío Miguel construyeron una casa en la José Contreras y se mudaron allí. Nosotros pasamos entonces a la casa la que he indicado como casa número 1. Debe haber sido en 1957, pero en 1958 es seguro que ya estábamos en esa casa. Es decir, en aproximadamente 6 años, nosotros habíamos vivido en tres casas. La que era de

Joaquín, la casa 3, se alquiló a un abogado, Rubén Paulino, recién casado con Sonia Lalane.

Pronto don Rubén y Sonia tuvieron un niño, Rubencito, que le dieron a bautizar a mi abuela Yeyé. No fue un nacimiento del todo feliz porque Rubencito sufría del síndrome de Down. Sin embargo, los Paulino tuvieron muchas satisfacciones. Se dedicaron a educar a su hijo, que aprendió a leer, a escribir y hasta a realizar tareas sencillas en la oficina de su papá, él y don Rubén recibieron reconocimientos por lo que habían logrado trabajando como un equipo interesado en no dejarse agobiar por una situación fuera de lo normal. Rubén murió hace aproximadamente diez años y Rubencito murió unos cinco años después. Hasta el día de hoy, yo por lo menos, sigo comunicándome con Sonia (murió en 2021. Tenía 82 años).

Don Rubén y Sonia hicieron su propia casa y se mudaron en ella, en momentos en que Joaquín regresaba de México volvió a ocupar su casa, la casa 3, la #5A.

Muchas cosas pasaron en esta vivienda. Iré relatando lo que recuerde, pero una parte muy importante de mi vida ocurrió en ésta que relataré en un capítulo aparte.

En el 2019, tuve un recuerdo con la tía Olga. Resulta que en ese año, yo era Secretaria de la Junta de Vecinos del Ensanche Julieta, donde vivo desde 1972. Tuvimos un problema con unos militares del Ejército Nacional, que querían hacer una construcción ilegal en nuestro barrio, y la Junta se opuso. Los militares nos amenazaron con atacarnos a todos los miembros de la organización, por lo que le escribimos una carta al Jefe del Ejército, Etanislao Gonell.

191

El Departamento de Asuntos Internos me llamó, como secretaria, a que yo contara lo que había pasado. Acudí con el abogado de la Junta, Pedro Manuel Casals hijo y nos atendió, por cierto, muy amablemente, el coronel Javier Mateo, persona muy competente en sus labores. Hizo fotocopia de mi cédula, me preguntó mi nombre completo, dónde trabajaba (en ese momento ya yo había dejado de trabajar), nivel de estudios, qué hacía en mis ratos de ocio, le contesté que estaba en la universidad estudiando, lo cual le sorprendió por mis 79 años de edad cumplidos dos o tres días antes. El interrogatorio siguió y siguió y una de las preguntas fue si yo alguna vez había sido investigada por algo. Desde luego, le dije que no. La entrevista continuó, y, de repente, me vino a la cabeza que yo había sido investigada en la Era de Trujillo, debió ser en 1958, porque era momentos en que yo estaba solicitando mi primer pasaporte para un viaje a México que realizaríamos mis primas Xiomara y Miguelina Dájer Piñeyro y Luisiana Schéker. Viajaríamos acompañadas de la tía Badía Dájer y nos hospedaríamos en la casa de Joaquín y Yulia, que vivían allá cuando Joaquín estaba haciendo su especialidad.

Para la concesión del pasaporte, ya he dicho que fue en 1958, me llamaron del Servicio Secreto, que era una oficina que estaba en la Avenida México, detrás del Palacio Nacional. Me recibió un oficial joven, creo que era un teniente, y la única pregunta que me hizo fue si yo era familia de Olga Despradel. Le dije que sí, que era mi tía, y muy sonreído me dijo que la conocía y que eran amigos. A los pocos días, tuve mi pasaporte.

Cuando estaba en la entrevista en 2019, me llegó a la cabeza qué hubiera pasado si me hubieran hecho esa pregunta luego de mayo de 1961, cuando el ajusticiamiento de Trujillo, y la tía Olga era la esposa de uno de los complotados.

Luego de la muerte de Pedro Livio, que fue de los ejecutados por Ramfis en Hacienda María, tía Olga se mudó en 1962 a la Máximo Cabral la casa número 4. Allí vivió unos años, con sus dos hijos, que todavía recuerdan cómo los consentía mi mamá.

En la primera casa, la 1, con la muerte del dictador en 1961, momento en el cual yo estaba fuera del país, mi papá estuvo preso por varios días por ser pariente de Pedro Livio, pero no fue torturado gracias a Cholo Villeta, agente del Sim, (cuerpo de inteligencia compuesto por espías y torturadores) que de alguna forma estaba relacionado con un joven llamado Miguel Rodríguez Villeta, que lo confundían con un hermano de Cholo, uno de los calieses más conocido. Miguelito era uno de los muchachos que estudiaban en mi casa con Luis Antonio, mi hermano. Cuando mi papá estuvo sentado en la silla eléctrica, Cholo dio la orden de que no lo torturaran pidió que *"a ese gordo, me lo dejan a mí"* y lo dejó sin torturar.

En 1962 ya yo estaba de regreso en el país y estuve al lado de toda la familia en la enfermedad de mi papá que había sufrido un ACV. Papi quedo hemipléjico y no pudo nunca más volver a trabajar. Mi mamá rezaba para que el Señor mantuviera con vida a mi papá y lo logró por casi 5 años.

Viviendo en la casa número 1, me casé con Rafael de Láncer en 1965, dos o tres años después se casó Luis Antonio con Daisy Almeyda y se casó Chello con Carlos Dore.

Cuando Rafael y yo nos casamos, 10 de abril de 1965, alquilamos una casa en la calle Cervantes, que está al frente de lo que luego fue el hotel Cervantes. A finales de ese año, tía Olga se fue a vivir a La Vega y la casa 4 quedó desocupada. Ahí nos mudamos Rafael y yo, en los últimos días de diciembre, y José Rafael nació en esa casa, el Día de Reyes, el 6 de enero de 1966.

Debo contar de mis embarazos porque hay detalles del nivel de la medicina en esos años.

Salí en estado tan pronto me casé en abril de 1965. Di a luz en enero de 1966 a mi hijo José Rafael, en un parto normal, con la doctora Asela Morel.

En 1968 salí en estado de nuevo y el embarazo fue toda una odisea a resultas de que mi Rh es negativo y producía anticuerpos que afectaban al feto. Estos anticuerpos trataban de defenderse de una sustancia extraña, que era el Rh positivo de la criatura en gestación. (Notar que estoy narrando el suceso con palabras llanas porque no conozco los términos médicos y supongo que los lectores tampoco conocerán el lenguaje científico).

Yanna Victoria también nació en esa casa, el 21 de abril de 1969, pero es aquí donde debo contar ciertos detalles.

El efecto de esta situación era que mis anticuerpos producían anemia en la criatura, hasta tal nivel que el feto podía morir. Había que determinar cuánto había sido afectado el embrión. A los cinco meses de embarazo, la doctora Morel me dijo que mi embarazo era muy complicado, de alto riesgo, y me sugirió que fuera a ver al doctor Vinicio Calventi, quien inmediatamente me recibió y determinó cuál era el problema y me dijo que esos casos los trataba conjuntamente con el doctor Frank Álvarez, a quien llamó y quien me examinó seguidamente también. Uno de los exámenes del doctor Álvarez fue con un sonógrafo para escuchar los latidos del corazón de la criatura, aparato muy moderno y que el doctor había traído de Uruguay donde había realizado sus estudios de postgrado y era prácticamente el único aparato de ese tipo que había en el país.

Para medir el nivel de anemia de la criatura, inmediatamente yo llegué donde los doctores, debían extraer líquido amniótico para lo cual insertaban una aguja de gran tamaño en mi vientre y a través del líquido extraído medían la hemoglobina de la criatura. Este examen lo repitieron varias veces, tres, en realidad, en salas de operación, y señalaban en gráficas la evolución de la anemia de la criatura.

Me dijeron que había que hacer una cesárea en el momento que la criatura hubiera alcanzado el peso para que fuera viable. Entonces, se esperó hasta mis siete meses de embarazo y procedieron a la cesárea, previo a la cual me hicieron una transfusión de sangre, donada por mi comadre Sandra Dumas de Palamara. La criatura la recibió el doctor Rafael Acra (Fellé), y se le practicaron dos exsanguíneos transfusiones (cambio total de sangre) y una transfusión. La niña estuvo en incubadora por un mes cuando me la entregaron con la advertencia de que no podía darle gripe ni ninguna otra complicación y que solo debía manejarla yo. Estando ya en la casa, la criatura estuvo bajo el cuidado de mi tío Joaquín Dájer, médico pediatra.

Mientras tanto, debo decir que el primer año de Yanna se celebró en esa casa y le mandé a hacer, creo que por única vez en la vida, un precioso bizcocho donde Elizabeth Schéker. Era una obra de arte, era una casita, con jardines, puentes, bello. Hoy, Yanna tiene 54 años y ha tenido una vida de plena salud. Por cierto, el parto y todo el proceso costó una fortuna en aquellos momentos: $4,500, cuando el costo de una cesárea era de $800. Hoy el costo sería ínfimo ya que existe una vacuna llamada RhoGAM, que le ponen a las mujeres con Rh negativo tan pronto sale en estado y no experimentaría ninguno de los problemas que yo enfrenté. Por cierto, el RhoGAM, que en ese momento costaba 80 pesos, llegó al país el mismo día de mi cesárea. Ya era muy tarde. Hoy en día los problemas de Rh negativo son parte de la historia de la medicina.

Debo decir, que muchas personas, incluso personal de salud, me decían que no me dejara pinchar el vientre y que me fuera a Puerto Rico donde había un doctor especialista en tratar casos como el mío. Yo preferí quedarme aquí con los médicos dominicanos.

Mi hijo José Rafael había nacido en un parto normal porque el problema de Rh negativo se presenta con el segundo embarazo. El nombre de mi hija, Yanna, es Naya al revés, nombre que le puso el doctor Álvarez. Pero su nombre completo es Yanna Victoria, y los que me aconsejaban que me fuera a Puerto Rico dicen que si la criatura hubiera resultado un varón, el nombre hubiera sido Triunfo.

UASD 1962-1963. Asdrúbal Domínguez

Me inscribí en la UASD en 1962, e inicié estudios de análisis clínico. Eran tiempos convulsos, la muerte de Trujillo era muy reciente. En diciembre de 1961 se le concedió la autonomía a la universidad. Los estudiantes tendrían voz y voto conjuntamente con los administradores y profesores. Yo resulté elegida como representante de mi curso siendo que recién se estaban formando los grupos estudiantiles. Una tarde, habían convocado a una reunión en el auditorio y yo asistí. No sabía de grupos, ni qué se decía en las reuniones, pero asistí.

Había una mesa directiva con autoridades y profesores, cada uno de los cuales habló, ahora no recuerdo de qué hablaron.

Entre los parlantes, el último que habló, hizo que me fijara en él. Era muy joven, indudablemente no era autoridad, pero expresaba conceptos que yo nunca había escuchado. Ahora pienso que hablaba de conceptos revolucionarios, pero lo hacía con una voz mesurada y un tono de sapiencia que fue lo que llamó mi atención. Pregunté a un estudiante que estaba a mi lado que quién era el que expresaba esos conceptos de manera tan profesional. Me contestó que era Asdrúbal

Domínguez, líder de un partido de izquierda. Desde luego, a partir de ese momento seguí las actuaciones de Asdrúbal, siempre moderado dentro de su partido que creo era el PCD, Partido Comunista Dominicano, y me pareció que se había quedado en su rol de estudiante, que no había superado esa etapa. No recuerdo de ninguna actividad de importancia en que se hubiera destacado. Pero esa sensación con Asdrúbal la tengo con todos los izquierdistas de este país. ¿Qué han hecho? ¿Cuál ha sido su contribución al desarrollo de nuestro país? Si revisamos sus actuaciones vemos que no tienen presencia en nuestra vida actual.

Cuando iba a inscribirme para el semestre siguiente, en 1964, tropecé con un profesor, abogado, Luis del Castillo Morales, amigo de mi familia Dájer, me preguntó qué hacía yo en el registro universitario y le contesté que iba a inscribirme en análisis clínico. Me dijo que por qué no me inscribía en sociología que era una carrera que estaba empezando. Yo no tenía ni idea de qué se trataba esa carrera, pero me inscribí en sociología.

Uno de los profesores era el mismo doctor Castillo, director de la Escuela, y contrataron algunos profesores belgas, como André Cortén, aún recordado en el país, su esposa Andrea; el belguita, Jacques Zylberberg y su esposa Jacquelin. Dominicanos tuvimos a Hugo Tolentino, Juan Isidro Jimenes Grullón, Alfonso Moreno Martínez, y otros.

Los estudiantes éramos, entre otros, Carlos Dore, Centenario de la Rosa, Isis Duarte, Irma Nicasio, Franklin Franco, Dagoberto Tejada, Casilda Peláez, Dorín Cabrera, Orlando Martínez, mi hermana Chello y otros que no recuerdo. Éramos aproximadamente 25.

En el primer semestre, teníamos un profesor dominicano de estadística que tenía muchas lagunas en su preparación. Era empírico, porque la carrera de estadística no existía en nuestro país y este señor no tenía formación universitaria. Acabábamos de salir de la dictadura de Trujillo y la universidad estaba dando sus primeros pasos como una academia democrática a nivel superior. Los estudiantes nos quejamos del profesor de estadística, lo que Isis Duarte y yo comunicamos al director, doctor Castillo quien nos escuchó y nos dijo que él no sabía qué hacer, porque no conocía a ninguna persona que pudiera dar esa clase. Mi compañera Isis reaccionó, y dijo que en la Junta de Planificación, donde yo trabajaba, había un muchacho que acaba de regresar de Chile de hacer un curso de estadística. Mencionó su nombre, y le dije que lo había visto y que yo podía conversar con él para determinar si era profesional y si efectivamente había hecho estadística en Chile. Lo había visto en la oficina, pero ni cuenta me había dado de que estuvo un año ausente estudiando en Chile. El doctor Castillo me autorizó a que hablara con él para determinar su situación.

Al día siguiente fui a su oficina, yo sabía quién era él y él sabía quién era yo, pero nunca habíamos hablado. Me presenté, le pregunté de su preparación académica, y me dijo que era licenciado en contabilidad, graduado en la UASD, y que había hecho un curso de estadística de un año patrocinado por la OEA, que se había celebrado en el país, y que, posteriormente acababa de regresar de Chile, de hacer un curso de posgrado en CIENES, que era la escuela de estadística a

199

nivel universitario. Le pregunté si quería dar clases y me dijo que nunca lo había hecho, pero que sí. Le hice una cita con el doctor Castillo, y fue a verlo. Castillo lo recibió acompañado del profesor Cortén, que necesitaba preparar cuadros estadísticos de una investigación que estaba haciendo con los estudiantes, y le preguntó al entrevistado si él sabía de chi cuadrado y de otras medidas estadísticas que Cortén necesitaba. Rafael de Láncer, ése era el nombre del técnico dominicano recién llegado de Chile, le contestó afirmativamente y se le contrató como profesor de la materia.

Fue nuestro profesor en el segundo semestre. Una tarde nos puso un problema que yo resolví y el profesor de Láncer me dijo que mi respuesta estaba incorrecta. Protesté, siempre he sido muy protestona, pero él insistió en que mi respuesta era incorrecta. Al final, él tenía razón. Por la forma en que me manifestó su insistencia, pensé que algo había sucedido. Era un tono no de un profesor, sino de algo más. Al salir de la clase me sorprendió preguntándome si yo quería salir a bailar con él. Pensé unos segundos y le dije que sí.

La noche de la salida, él llegó con un amigo que manejaba el carro en el que fueron a buscarme. De Láncer ya no era el profesor de Láncer, era Rafael, no tenía carro. Alquiló uno, con un amigo. En esos tiempos, era normal que la gente no tuviera carro. Eran los tiempos en que las chicas salíamos con chaperonas, y mi tía Badía fue conmigo. Fuimos al Hotel Paz, que yo no recuerdo si ya se llamaba Hispaniola, y bailamos toda la noche él y yo solos en el salón, porque había llovido y nadie fue al hotel. Cantaba Napoleón Dhimes, y cantó para nosotros dos. En medio del baile, Rafael me dijo que si yo quería ser su novia, no sé cuánto rato lo pensé, pero le dije que sí. En resumidas cuentas, seis meses después nos casamos, unión que duró casi 45 años, hasta su muerte repentina en el 2009. Tuvimos dos hijos, José Rafael y Yanna, padres de cinco nietos. Por razones del matrimonio, de que salí en estado de una vez, y de la Revolución de Abril de 1965, lo estudios de sociología se detuvieron, no sin antes obtener el título de sociógrafa, que se otorgaba a los estudiantes que habían completado dos años de estudio.

Recuerdo que un día, mi jefe, Eugenio Pérez Montás me dijo que yo debía ir al Banco Agrícola a tomar el dictado de un informe que recibiría de un técnico de la Corporación de Fomento. El técnico era Bernardo Vega, a quien yo no conocía y de quien nunca había oído hablar. Busqué a Bernardo, me presenté. En esa época, por supuesto, no había computadoras, y las secretarias debíamos ser taquígrafas. (Me enorgullezco de que yo era una buena taquígrafa, simbología que todavía practico cuando tengo que tomar notas). Pues bien, Bernardo empezó a dictar, y yo a tomar el dictado, lo que se prolongó por una hora, hora y media, dos horas, no sé.

Hoy, 2018, fui a una presentación de la Academia Dominicana de la Historia, presentación que hizo Bernardo Vega. Habló durante una hora, dos horas, con un papelito de 8 ½ x 5, donde tenía anotados los puntos que iba a tratar. Que hoy, hable durante una hora, con casi 60 años escribiendo libros e informes, es natural que sepa casi de memoria los temas a tratar. Conocimientos y experiencias acumuladas. Pero que hablara de los temas que habló, con tanta soltura y conocimiento a los 24 años, recién salido de las aulas universitarias, todavía me parece increíble. Es algo que jamás he olvidado y que hace que yo tenga un enorme respeto por la capacidad profesional de Bernardo Vega a quien, afortunadamente, he tratado hasta hoy, con experiencias muy retributivas.

Trabajando con Eugenio Pérez Montás, también tuve otra experiencia muy enriquecedora. Me pidió que colaborara con un partido político de la época, para las elecciones que se celebrarían en diciembre de 1962. Era la Unión Cívica, y había un grupo de profesionales que estaban redactando el plan de gobierno. Yo fui la encargada de mecanografiar el plan. El principal integrante de éste era Francisco Acevedo Gautier, y visitaban el lugar donde trabajaba Jottin Cury, el doctor Luis Manuel Baquero y otros que no recuerdo. Lógico, voté por Unión Cívica, cuyo candidato era el doctor Viriato Fiallo, elecciones que como es sabido ganó Juan Bosch.

Al tener un año estudiando Sociología, mi jefe en el departamento de planificación pasó a ser Fernando Periche porque Eugenio había salido del país a estudiar, y me designó como ayudante técnica de la división en la cual trabajaba. Esto no duró mucho, porque en noviembre de 1964, pasé al PNUD por recomendación de Frank Logroño.

Pero fue una experiencia muy gratificante porque trabajé con la intelectualidad técnica dominicana del momento y de alguna manera tuve contacto con el cuerpo político que gobernaba el país o que tenía aspiraciones de gobernar el país.

PNUD 1964-2000

Llegué al Tecaboard (Technical Assistance Board que luego se convirtió en PNUD, Programa de las Naciones Unidas para el Desarrollo), en noviembre de 1964, que estaba en una casa en la calle Ramón Santana esquina Santiago, y me entrevistó el representante residente de Naciones Unidas en el país, Hernán Buzeta. Me dijo que el puesto era para que la persona se encargara de las finanzas y me preguntó si yo era contadora. Le dije que no. Entonces me dijo que si yo podría obtener el 80% de una cantidad, a lo que le respondí que para obtener el 80% de una cantidad no había que saber contabilidad. Entonces me llevó a un salón donde había catorce o quince gabinetes de archivo, marcados como ADM, FEL, FIN, ORG, PRO y otros más. Me dio un folder marcado como PRO 300/4 y me dijo que lo guardara. Miré los gabinetes, e identifiqué el marcado como PRO. Vi que la primera gaveta era PRO/100, la segunda PRO/200 y la tercera era PRO/300. Bueno el folder iba en esa gaveta. Al abrir la gaveta, vi que había folders marcados como PRO/300.1, PRO/300.2, PRO/300.3; PRO/300.5. Bueno, falta el 4, que era el que yo tenía en la mano. Lo puse entre el 3 y el 5, y no había terminado de guardarlo cuando el señor Buzeta me dijo: "el trabajo es suyo". Desde ese momento, hasta mi jubilación, transcurrieron 37 años...

Durante mi estadía en el PNUD, hubo representantes residentes que recuerdo con especial respeto, por su interés en República Dominicana. Otros, no creo que fueran tan interesados en los problemas del país, pero siempre desarrollaron su trabajo con total apego a los mandatos que tenían. Yo, por mi parte, aprendí mucho en el manejo de una oficina, lo que he agradecido hasta el día de hoy. Voy a mencionar los nombres con los cuales trabajé, porque algún lector recordará a alguno y quizás tenga algo que contar del mismo.

Hernán Buzeta; Hugo Navajas; Jawdat Mufti; Enrique Ezcurra; Fernando Salazar Paredes; Pierre Den Baas; Bruno Guandalini; César Miquel; Miguel Bermeo; Paolo Oberti y Eduardo Niño Moreno.

En puridad de verdad, creo que el más preocupado por nuestro país fue César Miquel. Y el que me enseñó a trabajar fue Hernán Buzeta. Mi retiro, en el año 2000, se produjo cuando el representante era Niño Moreno.

Los nombres mencionados en el párrafo anterior corresponden al personal internacional. El personal local fue muy numeroso a lo largo de 37 años, pero voy a mencionar los que por más tiempo trabajaron en la ONU y que dejaron sus huellas en la oficina, y que estamos vivos. Gloria Carpio, Rosemerie Barrientos, Sonia Rodríguez, Augusta Alfaro, Danny Méndez, Ana Matilde De Windt, Dulce Hernández, Carmen Aparicio, Ernestina Rincón, Guadalupe Nadal, Guillermina Nadal, Gilka Meléndez, Luisa Auffant, Milagros Febles, Rhina Simó, Angelita Ramírez, Noris Columna, Antonio Cruz de León, Bienvenido Aybar, Enrique Mejía, Sandy García, Pilar Rodríguez, Cornelio Calderón, Manuel Fernández, Enrique Morales. Espero no se me quede nadie.

Calle Cervantes-1965

Al casarnos, nos fuimos a vivir en la calle Cervantes, de Gascue, en el piso superior de una casa de dos pisos, muy cercana a la Bolívar, frente a un solar en el que luego construirían el Hotel Cervantes. En el frente, esta casa tenía una terraza donde podíamos observar todos los alrededores del barrio, y es así como el 24 de abril de 1965, sábado, desde dicha terraza, pudimos percibir una gran cantidad de personas caminando por la Bolívar, lanzando consignas que no entendíamos, pero sonaba a reclamo de algo. No teníamos radio, ni teléfono, ni televisor, así que no pudimos enterarnos de las noticias, si es que las hubo, pero a partir del día siguiente ya fuimos conociendo.

Había estallado la revolución, llegó la invasión de los marines de Estados Unidos, llegó la Fuerza Interamericana de Paz. La ciudad estaba dividida en dos, con límites al oeste de la calle Pasteur, prácticamente en el patio de donde vivíamos. De la Fuerza de Paz, los hondureños estaban en el solar frente a nuestra casa. Los tiros se cruzaban por encima de nuestra vivienda y los vecinos de abajo nos llamaban para que durmiéramos en su casa para evitar que algún tiro pudiera caer en nuestra casa, que cayó.

Un día, que salimos a hacer alguna diligencia, cuando regresamos al domicilio, encontramos que había sido violentado por las fuerzas de paz porque encontramos abierta la puerta de entrada a la casa y la puerta que daba al patio.

205

En esta situación, mi mamá nos mandó a buscar y fuimos a su casa, la número 1 de la Máximo Cabral, donde permanecimos por unos meses, hasta que la casa número 4 de dicha calle se desocupó y nosotros nos mudamos en ella.

La Máximo Cabral. 1965-1972

Viviendo en esta casa, la número 4, salí en estado de mi hijo y di a luz el 6 de enero de 1966. Yo decía que si daba a luz del Día de Reyes, y era un varón, le iba a poner Baltasar lo que afortunadamente no cumplí porque el nombre decidido fue el de José Rafael.

Luego salí en estado en 1968 y en abril de 1969 nació mi hija Yanna Victoria. Como con estos embarazos sucedieron hechos fuera de lo normal, en alguna parte de este relato los narro de manera extensiva.

Por otra parte, desde que nos casamos Rafael empezó a hablar de tener una casa propia, así que los dos nos propusimos ahorrar para poder cumplir con este deseo que se materializó en 1972, cuando nos mudamos a nuestra casa, en el ensanche Julieta.

Aproximadamente en 1967, salí en estado y tuve síntomas de aborto espontáneo, por lo que mi doctora, Asela Morel, me indicó reposo absoluto, no debía moverme ni siquiera en la cama. Pero, había algunas actividades que podía hacer, tales como leer periódicos. Un día, leyendo el periódico veo que hay un izquierdista que está siendo buscado por la policía, no recuerdo el nombre, pero era del MPD (Movimiento Popular Dominicano) o el PCD, y de repente, como a las 10 de la mañana siento que hay muchas personas entrando a mi casa (eran profesores y autoridades), personas entre las cuales estaba mi esposo, Rafael, vice decano de Economía de la UASD, quien entró a la habitación donde yo estaba y me indicó que se estaba escondiendo al izquierdista buscado. Tuve un ataque de pánico, eran los tiempos de los Doce Años de Balaguer y no se jugaba con los izquierdistas. Rafael explicó la situación en que yo me encontraba y se decidió llevar al infrascrito a otro lugar, lo que se hizo de inmediato, pero ya era tarde. Tuve un aborto espontáneo.

En julio de 1970, murió Yoyo. En enero de 1971 murió mi papá.

A finales de 1970, mi papá sufrió un accidente cerebro vascular, estuvo en coma más de un mes, y finalmente murió el 5 de enero de 1971.

Mientras estuvo en coma, estuvo internado en el hospital Salvador Gautier donde él había trabajado por muchos años e incluso llego a ser subdirector del mismo.

Toda la familia, Despradel y Dájer, se reunía todos los días para acompañar a mi mamá y para estar juntos, en manifestaciones de solidaridad. También era notoria la presencia de chinos, que iban a llevarle a mi mamá un dulce, una lata de frutas, y cualquier cariñito, y se quedaban varios minutos acompañándola. Todo esto en agradecimiento porque mi papá había sido el médico de muchos miembros de la colonia china, y cuando lo llamaban, a las 9 o 10 de la noche, desde la avenida Mella, mi papá se ponía un pantalón encima de la piyama, y se trasladaba desde nuestra casa en Gascue, hasta la casa del chino que llamaba. Después surgieron las emergencias en las clínicas y hospitales.

Durante la estancia de mi papá en el hospital, hablábamos de todo, y se comentó que mi hijo José Rafael cumpliría 5 años el 6 de enero de 1971, y el ánimo no estaba para ningún tipo de celebración, ya que la muerte de papi se produjo el día antes. Pero el día 6, se apareció la prima Gugú Despradel con un bello bizcocho, para que José Rafael pudiera compartirlo, aunque fuera con sus padres y hermana, Yanna, que ya había nacido.

Hasta el día de hoy, José Rafael recuerda el pudín que le llevó la prima Gugú.

En 1974 murió Yeyé. Badía vivía sola en la casa y Consuelo sola en la suya. Consuelo se pasó a vivir con Badía, la casa número 1 la utilizó Luis Antonio por un tiempo como su oficina de arquitectos y Chello y yo iniciamos un proyecto educativo, un instituto para formar secretarias, que luego, con la integración de Rafael, se convirtió en un proyecto más ambicioso, una escuela secundaria, que sin embargo no dio los frutos esperados, y tuvimos que desistir del mismo en unos pocos años.

La escuela es para enseñar, pero también es un negocio. Chello, Rafael y yo sabemos enseñar, somos educadores, pero no somos negociantes. No sabíamos cobrar, y no sabíamos hacer negociaciones colaterales, como por ejemplo con una cafetería, como una que tenían unos amigos en un colegio de su propiedad, que vendían una botella de refresco dividida en tres y por cada una de estas partes cobraban el mismo precio de la botella entera.

Además, buscamos maestros buenos, a quienes pagábamos muy bien, y no teníamos entradas suficientes para cumplirles. Fin de la escuela, fin del negocio.

En febrero de 1972, Rafael fue elegido como vicerrector administrativo de la UASD, en la rectoría de Rafael Kasse Acta, período 72-74, a continuación fue reelegido para el mismo cargo en la rectoría de Hugo Tolentino 74-76.

Con referencia a las casas de la Máximo Cabral, creo que tío Salvador le compró su parte a tío Miguel, y en la casa 4 puso su oficina, Dadelco, que funcionó por muchos años. En la 1 y en todo el techo de la 1 y de la 2, tío Salvador hizo una serie de apartamentitos, en uno de los cuales incluso llegó a vivir mi hijo José Rafael casado con Vanessa Cruz Gutiérrez.

Se hizo el deslinde de las casas. Tío Salvador quedó como propietario de la 2, y de la 4. Yulia y sus hijos quedaron como propietarios de la casa 3, ya Joaquín había muerto. Tío Salvador compró esta casa e hizo una serie de apartamentitos, igual que los del techo de la 1 y 2.

Mi mamá quedó propietaria de la 2. Al morir mi mamá, yo le compré a mis hermanos su parte de la casa, la puse a nombre de José Rafael, quien la vivió desde 2012 hasta agosto de 2014, cuando se la vendió a Machi Dájer y se mudó a la

Ramón Santana, al lado de la casa que habíamos habitado en la Cabrera, hoy Mahatma Ghandi. Parecería que la historia de la Máximo Cabral terminaría en 2014, con la salida de José Rafael, pero allí quedan Aíxa, Rubén y Micky que viven en uno de los apartamenticos que han construido los Dájer Merino. 62 años de historia que aún no terminan.

En la Máximo Cabral, desde que llegamos en 1952, hasta 1972 cuando me mudé a Julieta, se dormía con las ventanas abiertas y la puerta de la calle se abría a las 6 de la mañana hasta la hora de dormir. Los marchantes llamaban desde la puerta, los amigos simplemente entraban y los extraños decían "saludo" en voz alta y los de la casa salíamos a recibirlos.

Este asunto de las puertas abiertas, yo lo seguí cuando Rafael y yo nos mudamos a Julieta en 1972. Nuestra casa, en ese momento, no tenía verja en la calle, por lo que cualquiera podía entrar. Por unos meses, seguí la costumbre, hasta que un día, Josefina Blonda, mi querida vecina que ya tenía varios años viviendo en Julieta, y aunque nunca había pasado nada, me sugirió que siempre cerrara la puerta con seguro, lo cual hice desde ese mismo momento.

En 1962, empecé a trabajar en la Junta Nacional de Planificación y Coordinación, oficina que creo hoy se llama Onaplán, Oficina Nacional de Planificación.

Esta oficina fue una sensación en su momento. Había sido creada en ese año e inició sus operaciones el 4 de abril, día que yo estaba ahí.

Fue una sensación porque sus antecedentes estaban en un grupo de jóvenes profesionales, que a raíz de la muerte de

Trujillo habían creado una oficina privada de planificación, y de ahí surgió la idea de la institución oficial. Empezó a funcionar a los pocos meses de instalado el Consejo de Estado, cuyo inicio fue el 1 de enero de 1962, y aunque hubo problemas políticos con dicho consejo, con golpe de estado por el medio, que se resolvió con la destitución de Balaguer como presidente del mismo y con la designación de Rafael Bonnelly como presidente del Consejo y presidente de la república, ya para abril la situación estaba normalizada.

La oficina de Planificación estaba en una casa al lado del Palacio Nacional, en la calle Moisés García. Luego estuvo detrás del Palacio, en la calle México. Se designó como director de la Junta al licenciado Salvador Ortiz, que era un reconocido funcionario, que había ocupado varios cargos en la Era de Trujillo, conocedor de los asuntos burocráticos del estado. Como subdirector designaron al joven ingeniero Orlando Haza, que era uno de los del grupo privado de planificación, y también dirigía la División de Planificación Integral. Me correspondió trabajar como secretaria en la División de Planificación Regional, que dirigía el arquitecto Eugenio Pérez Montás. En ese departamento también estaba Guillermo Caram, que a lo largo de su vida ha ocupado importantes puestos en el tren administrativo nacional, llegando a secretario de estado y gobernador del Banco Central, y en diferentes cargos políticos de importancia. Creo que había otro joven ingeniero, José Antonio Frías, que no he vuelto a ver nunca más. Buscando la prensa de ese año, encuentro que la División de Planificación Integral estaba dirigida por el ingeniero Luis Sosa Baudré, lo que creo es un error, porque esa división la dirigía el ingeniero Haza, como ya he mencionado. Yo trabajé con Pérez Montás desde el mismo día de la inauguración de la Junta, y era de Planificación Regional. Luis Sosa estaba en otra división, que no recuerdo, pero la secretaria era Norah Read Espaillat. Dice esa misma reseña que Pérez Montás era encargado de la División de Servicios Públicos (El Caribe, 5 de abril de 1962).

En la División de Planificación Urbana estaba el arquitecto Pablo Mella, distinguido profesional que ha sido ampliamente reconocido por sus contribuciones al desarrollo urbanístico de nuestro país.

El director de Relaciones Públicas era Frank Logroño, importante para mí porque fue él quien me recomendó en la Oficina de Asistencia Técnica de Naciones Unidas en el país, que, temprano en los años 60, pasó a llamarse Programa de las Naciones Unidas para el Desarrollo, PNUD. El subdirector de Relaciones Públicas de la Junta era el doctor en derecho, Hipólito Herrera Pellerano.

En la División de Planificación Económica estaba Juan José Cruz Segura y en una división, que creo era la División de Control, estaba Carlos Ascuasiati, quien brindó sus conocimientos profesionales y en la cátedra universitaria por muchos años, con mucha distinción. Había un muchacho, que no recuerdo para cuál división trabajaba, llamado Luis Felipe Méndez. Había muchas más personas, que iré mencionando a medida que mis neuronas vayan funcionando.

En la división de Estadística, (Servicios Básicos), estaba el profesor Miguel Mendoza, y con él trabajaban dos jóvenes que habían estudiado estadística en Chile y que acababan de regresar al país. Los llamaban los "saquitos coitos", porque ésa era la moda en Chile, el saco corto y el pantalón apretadito. Eran Rafael de Láncer y Enrique Aguasanta.

No recuerdo si había otras divisiones.

El país estaba gobernado por el Consejo de Estado y la Junta de Planificación estaba en contacto directo con Palacio, por lo que en varias ocasiones hablé con los consejeros, lógico, transmitiéndoles mensajes de mis jefes o recibiendo mensajes para mis superiores.

Las máquinas de escribir eran manuales, Underwood, Olivetti, Smith Corona, Olympia, y las máquinas de calcular eran una Freeman con montones de teclas numéricas, que sabe Dios cómo hacían los cálculos. La copiadora era un adelanto increíble para la época, una Verifax que tenía un líquido revelador en una bandeja, que empapaba un papel especial, y salía la fotocopia, mojada, que había que dejar secar.

El procedimiento de mimeógrafo era un aparato que se denominaba Ditto, era una hoja que tenía como respaldo un papel carbón. Se escribía y se pasaba por la máquina Ditto, que era de alcohol, y salía la reproducción en un color azul/morado. Después llegó el stencil que era una hoja que se perforaba, por eso se decía que se cortaba, y se reproducía en un mimeógrafo con tinta que pasaba por los huecos dejados por las letras. Los mimeógrafos y las fotocopiadoras han sido retempladas por modernos aparatos que sacan las copias en blanco y negro sobre papel bond, como la Xerox y otras marcas.

En el departamento de Estadísticas tenían una máquina con un carro como de dos pies de largo, y había un señor, que le llamaban el "viejito Núñez", que era el encargado de hacer las tabulaciones estadísticas. El que no ha tabulado manualmente, no sabe lo que es eso. Hay que hacer cálculos considerando el tamaño de la hoja en la cual se va a escribir, determinar el número de columnas de la hoja, determinar el número de caracteres de cada columna, y determinar los espacios que deben quedar entre columnas. Entonces se fijan los tabuladores. Pero tampoco era para morirse, pronto aprendió a tabular otra secretaria, Lourdes Acosta, que ha sido mi amiga muy querida hasta el día de hoy. Bueno, en realidad, Lourdes es mi comadre. Y yo también aprendí.

Cuando se necesitaban varias copias de un documento, se utilizaba un original en papel bond y el resto en papel de copia. Muchas veces era un original y seis o siete copias. Se usaba papel carbón, y cuando había que borrar una letra era un lío. Se ponía un cartoncito debajo de cada papel carbón para no manchar la copia de abajo. Inicialmente se borraba con una goma especial en forma de lápiz, y después fueron surgiendo unos papelitos impregnados con una especie de tiza, que pintaba de blanco la letra que había que borrar. Después, surgió la tinta blanca. Pero si uno se equivocaba dos o tres veces, había que descartar el original y las copias, y empezar de nuevo.

Recuerdo que una vez vino una misión de Puerto Rico, al frente de la cual estaba un señor de apellido Picó, creo que era Rafael Picó, y que escribió a mano, como se hacía en ese entonces, un informe que al final resultarían en unas 20 páginas. Tres secretarias estuvimos de 8 de la mañana a 5 de la tarde para poder sacar el informe sin errores.

Otras de las secretarias eran Norah Reid, Guillermina de Mella, Yorka Ortiz, Olga Vives y otras. Mi amiga por muchos años, y alguien que merece mención especial: Carmen Aparicio. Soy unos años mayor que Carmen, pero ella es hermana de mi compañera del Muñoz Rivera, Ana América, que compartimos por aproximadamente 10 años. Carmen andaba siempre pegada de Ana, y por lo tanto, pegada del grupo de nosotros. Al graduarse de bachiller, Carmen se quedó dando clases en el colegio, y entonces fuimos compañeras de trabajo. Al crearse la Junta, Carmen pasó a ese departamento, por lo que nos encontramos nuevamente. Y al poco tiempo de yo estar en el PNUD, llegó Carmen, donde trabajamos juntas por más de 35 años. Ahora, jubiladas las dos del PNUD, junto con otras jubiladas, nos reunimos frecuentemente. Es decir, sin yo querer hablar de la edad de Carmen, es posible que nos hayamos tratado por unos 70 años.

UTE 2000-2005 y 2019-2023

Siempre me quedé con deseos de estudiar. Una cosa es lo que uno quiere, y otra lo que se puede. Por una razón u otra, no volví a la academia, hasta que se me presentó la oportunidad, y la decisión, de obtener un título universitario, y en el año 2000 me inscribí en la UTE (Universidad de la Tercera Edad) a estudiar administración de empresas, para poner un marco teórico a todo lo que yo había aprendido y practicado en el PNUD, donde llegué a ser la jefa del departamento de Administración, que comprendía contabilidad, recursos humanos, archivo y tecnología.

En el año 2005, cuando me gradué en Administración de Empresas, me correspondió pronunciar el Valedictorian, por ser la única Magna Cum Laude de la clase graduanda de ese año, y haber alcanzado el índice más alto de los aproximadamente 250 estudiantes. Empecé citando el Eclesiastés, diciendo que en la "vida todo tiene su tiempo" con lo que quería significar que el momento de cumplir con uno de mis más caros deseos, tener un título profesional, me había llegado a los 65 años de edad.

En el año 2019, recién terminado mi empleo en OGM, como describo a continuación, me inscribí de nuevo en la UTE para estudiar psicología.

Si me preguntan que por qué psicología diría que era la única carrera cuyas clases eran a las 2 de la tarde. Realicé 4 años y no pude graduarme a falta de 3 materias porque tuve varios problemas de salud tales como un ACV, Covid.19, tres caídas y fractura del hombro izquierdo. Ahora estoy en la disyuntiva: ¿termino la carrera? O ¿termino el libro? Por ahora me he decidido por el libro. Veré si cuando lo termine me animo y concluyo la carrera.

OGM 2000-2018

Trabajaba yo en el PNUD, debe haber sido agosto o septiembre del 2000, y un día uno de los compañeros de trabajo, el ingeniero de sistemas Manuel Fernández, me indicó que si yo podía recibir a una persona que estaba interesada en visitar el archivo de la oficina. Debo decir que la concepción del diseño de la base de datos para el archivo del PNUD fue mía, y que Manuel fue el encargado de poner el sistema en forma electrónica.

El visitante resultó ser Frank Moya Pons, a quien yo no conocía personalmente, pero, desde luego, sabía de él como historiador y por lo menos estaba en conocimiento de su Manual de Historia Dominicana.

Me sorprendió que una persona de la calificación científica de Moya Pons, distinguido historiador, autor de varios libros de historia, profesor universitario, fuera tan campechano. Estaba vestido con una sencilla camisa deportiva y unos zapatos de tela, sin medias. Además, cuando estuvo en mi oficina, subió los pies a la silla.

Por supuesto, hablamos del sistema de archivo del PNUD, visitamos el departamento, y Frank vio el funcionamiento del procedimiento.

Regresamos a mi oficina, y no sé por qué, Frank me preguntó que cuándo yo me retiraba. Le dije que en noviembre de ese mismo año, 2000. Me explicó que él había diseñado un sistema para la guarda electrónica de los periódicos de circulación nacional del país, y que necesitaba una persona que estuviera a cargo de la supervisión de dicho sistema. Me indicó que la empresa se llamaba OGM, y que el archivo partía de 1948, fecha de inicio de impresión del periódico El Caribe, empresa que estaba mancomunada con el Banco Popular.

Y me explicó de la **O** correspondía a Germán **O**rnes, director/propietario de El Caribe; la **M,** por **M**oya, que había diseñado la concepción técnica del sistema; y la **G,** por Alejandro **G**rullón, por su capacidad financiera.

Me preguntó la fecha exacta de mi retiro, y le dije que 30 de octubre de ese año 2000. Me dijo, que me tomara 15 días de vacaciones en noviembre, pero que le interesaba que yo fuera a OGM como Gerente de Operaciones a partir del 15 de noviembre. Quedamos en este acuerdo.

Sin embargo, el 1 de noviembre del año 2000, recibí una llamada de Frank en la cual me dijo que si yo podía ir a verlo ese mismo día, a lo que le contesté afirmativamente. Fui a verlo, me enseñó el local, y me preguntó que si yo podía quedarme a trabajar ese mismo día. Le dije que sí.

Y, ese día, 1 de noviembre de 2000, empezó para mí una historia de situaciones muy retribuyentes, que terminaron casi 20 años después, en diciembre de 2018.

El tiempo pasado en OGM fue de mucha satisfacción, aprendí mucho de historia dominicana. Aprendí a amarla. Y fue muy provechosa mi relación con Frank Moya. La persona sencilla que me pareció la primera vez que lo vi, fue una impresión acertada. Frank es una gran persona, sencilla, sabia y, lo mejor de todo, siempre asequible para cualquier tipo de consulta. No puedo menos que agradecer a Papá Dios haberme permitido trabajar con él por casi 20 años.

No voy a mencionar a las personas con las cuales trabajé en esos 20 años, porque no quiero que se me quede alguna. Pero no puedo dejar de mencionar a Floralba Jiménez, encargada de las investigaciones histórico/periodísticas que hacía y hace OGM. Con Floralba compartí mucha filosofía de vida y de conceptos religiosos.

En cuanto a la vida, Floralba, pentecostal, siempre está contenta, siempre tiene una sonrisa, y los problemas más grandes que puedan presentarse, los pone en manos del Señor, y se resuelven... Lectora diaria de Biblia, pero, lectora inteligente. Yo podía pasarme horas haciéndole preguntas, yo soy católica, no leo Biblia, y siempre recibía una respuesta adecuada, sin fanatismos. Estudiada. Hace dos años que no trabajamos juntas, y todavía la llamo cuando necesito una consulta acerca de sus conocimientos. Para mí, Floralba ha sido una de las personas valiosas que me ha tocado conocer y tratar en la vida.

En un principio, cuando llegué a OGM, esta empresa, como ya he dicho, estaba asociada al Banco Popular. En el 2005, OGM y el periódico El Caribe en su totalidad, fueron vendidos a un grupo industrial de Santiago, encabezado por los ingenieros Félix García Castellanos y Manuel Estrella. Estos caballeros mostraron siempre interés en OGM, porque estaban, y están, conscientes, de la importancia histórica de este departamento, que cuenta con diez mil volúmenes de periódicos de circulación nacional, recopilados mensualmente, desde abril de 1948 hasta la fecha; periódicos cuyos artículos, aproximadamente ocho millones, están recortados, clasificados, archivados por temas y digitados en una base de datos propia; y cuenta además con un archivo de fotografías de El Caribe, desde 1948 a la fecha, de aproximadamente diez millones de fotos, debidamente clasificadas en una base de datos que hace posible su búsqueda.

Para mí fue un cambio notable pasar de PNUD a El Caribe. En la primera institución, sin fines de lucro, interesada en el desarrollo de los pueblos, trabajé 37 años. Al cabo de los cuales me decían "la vieja". Pasé a OGM, empresa privada, que se mantenía y se mantiene de negocios particulares. Y, oh, sorpresa, al llegar me decían "la nueva".

Los ingenieros también me sorprendieron. Personas que tienen grandes industrias, grandes capitales, y son tan sencillos como cualquier persona de familia. Los traté en el periódico, donde ellos se relacionaban con todo el personal, escuchándolos y tomando muy en serio cualquier opinión que se les manifestara para el mejoramiento de la empresa. A dos años de mi retiro, todavía me relaciono con ellos, lo que me proporciona mucha satisfacción.

Al llegar a OGM y encontrarme con toda aquella cantidad de información histórica, pensé en hacer una página para el periódico. Se lo propuse al director del momento y lo aceptó con gusto. Es así como, en esos 20 años, fui la responsable de una sección que se publica los fines de semana, y que se llama "Zona Retro" o "Página Retro". Es así, como edité más de 1,000 de estas páginas, que espero poder coleccionar para la publicación de un libro, que será de gran utilidad para conocer muchos aspectos de la vida dominicana desde la primera edición de El Caribe en 1948, hasta hoy, porque dicha página se ha seguido publicando bajo la autoría de las personas que todavía están en OGM.

Debo decir que mi trabajo en OGM me proporcionó la oportunidad de tener a mi disposición una enorme cantidad de datos sobre hechos históricos, tanto nacionales como internacionales y, al estar en contacto con esa apreciable documentación, debidamente organizada, despertó en mí el interés por la historia. Entonces tuve la idea de escribir un libro que pudiera presentar las causas verdaderas de la muerte del joven matrimonio entre Jean Awaad Canaán y Pilar Báez, cuyas muertes, desde el momento en que ocurrieron a finales del régimen de Trujillo, les fueron atribuidas, tanto a este gobernante, así como a su hija Angelita.

Me envolví, con pasión investigativa, en una ardua tarea para recoger información acerca de ese hecho que, por el contexto político en que ocurrieron había sido objeto de innúmeras especulaciones. El fruto de ese esfuerzo clarificador que me había propuesto fue el libro "Pilar y Jean, investigación de dos muertes en la Era de Trujillo", en el cual demostraba que dichas sentidas muertes de esa joven pareja fueron ajenas a quienes las murmuraciones y rumores generalizados les habían atribuido, sino, que la de Pilar Báez se debió a un accidente médico, que en muchos partos suele ocurrir, y en cuanto a Jean Awad Canaán ocurrió mientras conducía su automóvil en estado de embriaguez y a velocidad temeraria se estrelló contra un camión estacionado.

Al publicar dicha obra tuve la satisfacción de que fue aceptada favorablemente por el público, lo cual confirma las varias semanas que ocupo el primer lugar en venta de la Librería Cuesta, así como una ponderación serena de algunos comentarios de prensa. Me sentí altamente regocijada por ser ese ensayo mi primera obra y también porque, como le dije a una periodista que me entrevisto en el rendía "homenaje a la dignidad, a la honradez, a la honorabilidad, manifestada siempre de los doctores Alfonso Simpson, Jordi Brosa, la Clínica Abreu y todos los médicos que laboraron en la misma en 1960, antes y después, y a Lorenzo Sención, y todos los que han sido injustamente vilipendiados".

El libro fue puesto en circulación en la Academia Dominicana de la Historia, por su presidente del momento Frank Moya Pons. Esta obra tuvo sus sagas con una obra escrita por Pilar Awaad Báez dando su versión de los hechos que fue contradicha por Lorenzo Sención Silverio con una versión que respalda totalmente lo expresado por mí en mi libro. El libro de Sención, "Las mentiras de la sangre" mereció el premio de la Academia de la Historia como mejor libro de historia del año.

La Máximo Cabral
1965-1972

Durante la revolución se había desocupado la casa número 4 y Rafael y yo pasamos a ocuparla. Nos mudamos el 2 de enero de 1966. El 5 de enero, por la noche, se me presentó parto y el 6 por la madrugada nació mi hijo José Rafael, proceso que he descrito más atrás. Estaba trabajando en PNUD, tenía un marido, un hijo, una casa que atender y estaba estudiando, era demasiado, tenía que dejar algo y dejé los estudios de sociología que estaba siguiendo, pero había terminado dos años así que obtuve el título de sociógrafa, que me capacitaba para hacer encuestas. Esta es la hora que no me arrepiento de la decisión que tomé.

En 1968 salí en estado nuevamente y di a luz en abril de 1969, todo lo que he descrito más atrás.

2018. Nota

Todo lo escrito hasta aquí, lo escribí hasta el 2018. En el 2019, excepto por la nota de tía Olga y la investigación del DNI en época de Trujillo, no escribí nada. Esto se debió a que el 1 de enero de 2019, luego de 70 años de trabajo, decidí renunciar al puesto que tenía en OGM, en El Caribe, y, para tener algo que hacer, me inscribí en la universidad, en la UTE, para estudiar psicología. Estos estudios me tomaban mucho tiempo, y no escribí nada en estas memorias, hasta el día de hoy, 18 de noviembre de 2019. En realidad, he repasado este escrito durante las vacaciones de la universidad, 2021, en mis estudios de psicología, de los cuales ya estoy en la recta final.

Revisé todo lo anterior, y hay sucesos repetidos, que debo borrar. Hay sucesos que faltan, que debo incluir. Hay sucesos que ampliar… pero todo está de acuerdo con mi memoria. No hay un orden cronológico exacto, pero voy escribiendo de acuerdo a lo que recuerde…, creo que de todas formas se entiende…

Julieta
1972 hasta el día de hoy 2023

Al escribir estas líneas, tengo 84 años de edad, la mayor parte de los cuales, 50 años, los he pasado en Julieta, ya que inauguramos nuestra casa el 3 de mayo de 1972: yo tenía 32 años y Rafael 36. Nos habíamos casado en 1965 por lo que la mayor parte de mi vida estuve casada con Rafael. En realidad, los 44 años, 3 meses y 3 días que he citado anteriormente, si hacemos la cuenta del 10 de abril de 1965 al 13 de julio de 2013, cuando murió.

El propósito de ese libro no es contar mi vida de casada, es poner por escrito de las experiencias vividas con mi familia, la paterna, Despradel Brache y la materna, Dájer Schéker, lo que he hecho en los primeros capítulos de ese libro como un agrado a los requerimientos de mis nietos que espero haberlos complacido.

De ambas familias aprendí que había que ser serio, responsable, decente, estudioso y considerado con los demás, lo que me ha servido para tener amigos de toda la vida, con los cuales sigo comunicándome. Y debo señalar que el Colegio Luis Muñoz Rivera fue el complemento perfecto de las enseñanzas que recibí de mis familiares.

Voy a cumplir 85 años, lo que se considera una persona "vieja", yo me considero como una persona con juventud acumulada. Estoy estudiando y estoy escribiendo este libro, es decir que tengo planes y proyectos para considerar la realidad de mi vida hoy. Estoy satisfecha con lo que he hecho y considero que el Señor ha sido benévolo conmigo proporcionándome a dos familias de las cuales he obtenido gratificaciones y una vida provechosa.

En una de las terapias el entrevistador me preguntó ¿qué cosas de la primera mitad de tu vida quieres que se queden atrás?

Realmente, nada. Creo, y siempre lo he pensado, que yo soy una afortunada de la vida. Tuve padres excelentes, mi propia familia (esposo, hijos, nietos) y antepasados dignos de imitar. Su ejemplo ha sido para mí fuente de inspiración hasta el día de hoy.

Pero para que se tenga conocimiento de cómo eran las relaciones de Rafael y mía, voy a insertar a continuación tres escritos que hice cuando Rafael murió en julio del 2009, que dan una idea de cómo fue nuestro matrimonio y cómo era su personalidad y su carácter.

Pero no puedo dejar de mencionar un suceso de mucha significación para mí, mi esposo, mis hijos y mis nietos y es el haber tenido de vecinos en el Ensanche Julieta a Máximo

Avilés Blonda y a su esposa Josefina Fondeur de Blonda, así como a sus hijos Marcos, Claudia y Laura. Conocer a esa familia es una de las cosas hermosas que hemos tenido los de Láncer-Despradel. Son más que vecinos, son hermanos.

Lo conocí en la universidad. Para la revista Pandora

Mayo 2010

"Era un joven apuesto, serio, excelente profesor y me llamó la atención su seriedad. No lo miraba mucho porque yo era estudiante y no quería faltar a la ética universitaria. Sin embargo, noté que él también me miraba, con discreción, pero me miraba.

"Nunca dijimos nada. Me gradué, y a los pocos días de mi salida del recinto, para mi sorpresa, se me acercó. Me invitó a bailar y yo acepté. Bailamos toda la noche, sin hablar sin decirnos nada. Me llamó por teléfono, conversamos. Volvió a llamarme muchas veces más, y conversamos muchas veces más. Se me declaró, me propuso matrimonio. Le dije que iba a pensarlo.

"Pensé que había visto, y sentido, a un joven con interés de trabajar, de ser honesto, de ser serio, interesado en la educación. No lo pensé mucho. Dije sí.

"Pasaron los años, muchos, y al cabo del tiempo, pienso: qué fue de aquel joven que me pareció tan apuesto, soñador, trabajador, serio, honesto y que nunca más volvió a bailar. Pues bien, ese hombre, a través de todos los años, más de 40 de estar juntos, ha resultado ser un excelente esposo y compañero, amigo, buen padre, mejor abuelo, y todavía lo encuentro apuesto. Es la persona honesta, seria y trabajadora que imaginé, sólo que multiplicado por 10, o quizás por 20, no sé, pero multiplicado muchas, muchas veces. ¿Qué ha habido? Amor y respeto, por supuesto,

pero además, y creo que muy importante, un sentimiento de admiración mutua, que se ha mantenido por todos los años.

"Sólo le pido al Señor que me permita llegar a los 50 años de casada, eso sí, con el compromiso con Él de que a los 50 años solicitaré una prórroga por 10 años, que, desde luego, deberán ser prorrogables por 10 años, cada vez que éstos se cumplan.

"Esta es una historia real, sólo que omito mi nombre para que mi esposo no se sienta tímido, cualidad de él que aprecio, aún más, que admiro. Y que este relato sirva para dar conocer que los valores familiares aún están vigentes y que es muy retribuyente cultivarlos.

Rafael, me molesta

4 de junio de 2010

Al morir Rafael, mis hijos me obligaron a ir donde una terapeuta, obligación que cumplí. Ella me sugirió escribir una nota de lo que yo sentía. La nota que escribí, a la cual no le he cambiado ni una coma, es la siguiente:

Rafael, me molesta que tenga que levantarme a recoger los periódicos, pero más me molesta que no estés a mi lado para discutir el contenido de los mismos.

Rafael, me molesta que no te tenga para contarte los sucesos insignificantes de mi día a día, y no tenerte para escuchar tus comentarios de los sucesos de tu día a día.

Rafael, me molesta que no te tenga para preguntarte qué entiendes de algo que yo no entiendo. Me molesta que no tenga tu juicio sereno para entender lo que no entiendo.

Rafael, me molesta no tenerte para consultar las decisiones que tengo que enfrentar a diario.

Rafael, me molesta que nuestros amigos ya no tengan relaciones conmigo porque tú no estás. Aunque la verdad, no me interesan sus relaciones sin ti.

Rafael, me molesta que tenga que ocuparme de las llaves de los 52 candados (son menos, pero no sé cuántos son, sólo sé que son muchos) que hay en la casa. A seis meses de tu fallecimiento no he podido determinar cuál llave pertenece a cuál candado.

Rafael, me molesta que no oigo tu voz, que siempre me gustó.

Rafael, me molesta que no puedo escucharte llamándome: "Naya".

Rafael, me molesta que no puedo decirte, por las noches: "Echa para acá", para darte un abrazo y acurrucarte.

Rafael, me molesta que no puedo agarrarte las nalgas cuando estábamos en la cama.

Rafael, me molesta que no te veo en la computadora, concentrado trabajando largas horas, sin ponerme atención, pero al lado mío.

Rafael, me molesta que no puedo calentarte los pies cuando ibas a la cama muerto de frío luego de trabajar largas horas en la computadora.

Rafael, me molesta que no puedo discutir contigo porque tú complacías a los nietos en exceso, lo que me molestaba considerablemente.

Rafael, me molesta que en mi casa ya no se escuchan programas de panel, a los cuales tú eras tan aficionado y los cuales yo detestaba (y aún detesto). Pero no escucharlos me indican que no estás conmigo.

Rafael, me molesta no verte llegar del trabajo, con tu carga de documentos y tu laptop.

Rafael, me molesta no oírte quejarte de la comida. Siempre me molesté por tus constantes críticas a la comida de nuestra casa, pero me molesta no escucharlas.

Rafael, me molesta no poder darte un beso cuando yo salía fuera de la casa, a trabajar o a cualquier otra actividad, y me molesta no poder darte un beso cuando regreso.

Rafael, me molesta que no puedas darme un beso cuando tú salías fuera de la casa, a trabajar o a cualquier otra actividad, y me molesta que no puedas darme un beso cuando regresabas.

Rafael, me molesta ver películas con escenas de amor, ver dos personas besándose. Extraño mucho tus besos.

Rafael, me molesta que me fui de viaje a China, luego de tu muerte, y que no te tenía para comentar todos los asuntos interesantes que encontré en aquel país, que sólo personas inteligentes como tú podían entender.

Rafael, me molesta que me fui de fin de semana con mis hijos y nietos y tú no estabas tomando fotos, jugando con los nietos, y diciendo que la comida estaba excelente porque la había preparado José Rafael.

Rafael, me molesta que no vayas conmigo a la lavandería a llevar tu ropa.

Rafael, me molesta que no me hagas manejar cuando salíamos juntos.

Rafael, me molesta que no puedas criticarme cuando salíamos juntos y yo manejaba.

Rafael, me molesta que ya no pueda decirte: "maneja tú".

Rafael, me molesta que no estés para ocuparte del cable cuando se daña y que yo tenga que hacerlo, sin entenderlo.

Rafael, me molesta que yo haya tenido que aprender a notificar los defectos de los cables.

Rafael, me molesta que no tenga que ocuparme de acompañarte al médico, porque eras incapaz de ir tú solo.

Rafael, me molesta que no me pidas que me ocupe de las reclamaciones que hay que hacer con cualquier asunto de la vida.

Rafael, me molesta que complazcas en todo a los nietos.

Rafael, me molesta que no tengo con quién discutir sobre los trabajos que estoy haciendo.

Rafael, me molesta no tener tus comentarios sobre la página que hago.

Rafael, me molesta que no haya libros, documentos, papelitos, periódicos, recortes de periódicos, etc., etc., regados por toda la casa.

Rafael, me molesta que yo no tenga que buscar la llave de tu carro.

Rafael, me molesta que no protestes porque se haya acabado el agua del tinaco.

Rafael, me molesta que yo tenga que encargarme de revisar la bomba de la cisterna.

Rafael, me molesta que yo tenga que encargarme de dirigir las tareas del señor que trabaja con nosotros los fines de semana.

Rafael, me molesta que yo tenga que ocuparme de que los trabajadores de la casa no gasten mucha agua.

Rafael, me molesta que ahora yo no tenga que irme al televisor de la sala para ver las películas que me gustan para dejarte a ti ver los programas de cháchara política.

Rafael, me molesta que ahora yo no tenga que preocuparme de tu comida, de comprarte los alimentos de tu preferencia.

Rafael, me molesta que yo no tenga que comprar guineos para tu desayuno diario.

Rafael, me molesta que ya no puedas consentir a los niños malcriados que están a nuestro alrededor y que a mí siempre me han molestado tanto.

Rafael, me molesta que no me obligues a comprarle regalitos a los extraños, cuando tan pocas veces te ocupaste de comprarme un regalo.

Rafael, me molesta que yo tenga que cambiar mis hábitos de vida, cuando sabías que yo era tan rutinaria.

Rafael, me molesta que tenga que replantearme mi vida.

Rafael, me molesta que ya no me digas que yo soy una buena persona.

Rafael, me molesta que no puedo pasarte la mano por la espalda, cuando siempre te dije que me encantaba tu piel.

Rafael, me molesta que tus hermanos que han estado enfermos por muchos años estén vivos y tú que siempre estuviste en salud, hasta el momento de tu muerte, estés muerto.

Rafael, me molesta que los amigos me llamen en un tono de pena, no dicha, pero que yo siento.

Rafael, me molesta que me sienta triste.

Rafael, me molesta que me sienta deprimida.

Rafael, me molesta llorar.

Rafael, me molesta que no pueda discutir contigo de estadísticas, sobre todo de censos y de población.

Rafael, me molesta no escucharte criticando a los que hablan de estadísticas, sobre todo de censos y de población, sin conocer la materia.

Rafael, me molesta que me hayan invitado a Chile y que no puedas ir conmigo.

Rafael, me molesta no poder preguntarte qué pasará ahora en términos demográficos con la población de Haití.

Rafael, me molesta que no te quejes porque "quitaron" las toallas del baño cuando debían "cambiarlas".

Rafael, me molesta que no protestes porque necesitas un par de zapatos y los que encuentras son muy caros (aunque ésa sea una apreciación subjetiva de tu parte).

Rafael, me molesta que no protestes conmigo porque te invitaba al cine o a tomarnos tú y yo una copa de vino.

Rafael, me molesta que yo pueda ir a un restaurant y no molestarme por tu indecisión sobre el plato que tú querías escoger.

Rafael, me molesta que ya no te moleste mi costumbre de llamar por teléfono a mis familiares o amigos a las 6 de la mañana.

Rafael, me molesta no poder discutir contigo la cuota del 33% asignado a las mujeres en las elecciones.

Rafael, me molesta que no pueda comentar contigo la posibilidad de que mi hermana sea candidata a regidora por el PRD.

Rafael, me molesta que no hayas estado conmigo el 24 de diciembre.

Rafael, me molesta que no hayas estado conmigo el 31 de diciembre.

Rafael, me molesta que no le hayas comprado un regalo a José Rafael el día de su cumpleaños, el 6 de enero.

Rafael, me molesta no poder oírte quejándote de que a la hora de dormir alguna puerta se había quedado abierta.

Rafael, me molesta ver tus espejuelos en tu mesita de noche y que no los uses.

Rafael, me molesta ver en tu mesita de noche el último libro que estabas leyendo, y que todavía está ahí.

Rafael, me molesta que no me pidas que llame a la farmacia para pedir tus medicamentos.

Rafael, me molesta que ya no me mandes a sacar dinero de tu cajero, de tu cuenta, para tu utilización.

Rafael, me molesta que no haya un desorden de libros y documentos en tu biblioteca.

Rafael, me molesta que ya no tenga que preocuparme de tu cena.

Rafael, me molesta que ya no pueda escucharte quejándote porque no te gustaba el queso que te puse.

Rafael, me molesta no poder escucharte criticando a la mayoría de los candidatos de las próximas elecciones.

Rafael, me molesta que yo haya tenido que ocuparme de tu sepelio.

Rafael, me molesta que yo haya comprado el terreno en el cementerio y que tan poco tiempo después tú estés enterrado ahí.

Rafael, me molesta que ya prácticamente no tenga que tener antialérgicos en la casa.

Rafael, me molesta que ya no tenga que tener una variedad de alimentos para ofrecerte una cena de tu agrado.

Rafael, me molesta que me llamen viuda.

Rafael, me molesta que tenga que ir a la universidad a buscar tu pensión.

Rafael, me molesta que hablen bien de ti.

Rafael, me molesta que me miren con cara de conmiseración.

Rafael, me molesta que me digan palabras de consuelo.

Rafael, me molesta que ya no protestas porque no se había lavado tu ropa.

Rafael, me molesta que ya no protestes porque a un par de medias le faltaba un pie.

Rafael, me molesta que no hayas firmado los certificados que están a mi nombre.

Rafael, me molesta que tenga que disimular que me siento mal.

Rafael, me molesta que te veo en fotos y no en persona.

Rafael, me molesta que me abraces en fotos y no en persona.

Rafael, me molesta que no estés en la tertulia de los sábados en nuestra casa con nuestros hijos, nietos y vecina.

Rafael, me molesta que haya tenido que regalar tu ropa.

Rafael, me molesta ver que dejé una parte de tu ropa en tu closet.

Rafael, me molesta ponerme tu bata la cual utilizaste durante tantos años al momento de levantarte.

Rafael, me molesta que no tenga que decirte para dónde voy.

Rafael, me molesta que no tenga que decirte a qué hora voy a llegar.

Rafael, me molesta que no me preguntes por qué voy tanto al salón (según tú).

Rafael, me molesta que no me llames para que te ayude con algún programa de computadora que yo no entiendo.

Rafael, me molesta pensar que tu cuerpo se está descomponiendo.

Rafael, me molesta que yo no me moleste por lo mal que manejabas.

Rafael, me molesta que yo no me preocupe por lo mal que manejabas.

Rafael, me molesta que hayas muerto 44 años, 3 meses y tres días después de nuestro matrimonio.

Rafael, me molesta que mis amigas, viudas recientemente, me digan que debemos ser fuertes.

Rafael, me molesta que una amiga viuda recientemente me diga que llora todos los días.

Rafael, me molesta que ya no pueda decirte que casarme contigo fue la mejor decisión, y la más inteligente, que he tomado en mi vida.

Rafael, me molesta que ya no tenga que cortarte las uñas.

Rafael, me molesta que ya no pueda decirte que una ropa te queda bien.

Rafael, me molesta que ya no pueda tomarme una copa de vino contigo.

Rafael, me molesta que yo no sepa tomar fotografías.

Rafael, me molesta que hayamos tenido tan poco tiempo de matrimonio.

Rafael, me molesta que los 44 años de matrimonio me hayan parecido como 44 horas.

Rafael, me molesta llegar a la casa, ver tu vehículo en la marquesina y saber que no estás en la casa.

Rafael, me molesta calentar tu vehículo porque sé que no lo vas a utilizar más.

Rafael, me molesta hablar con los abogados para distribuir los pocos bienes que dejaste.

Rafael, me molesta no escuchar tu silencio.

Rafael, me molesta que no puedas negarte a cumplir con una invitación que nos hayan hecho.

Rafael, me molesta que no escondas los cubos para que las muchachas acumulen agua.

NAYA DESPRADEL ❧ HOY, MI CORAZÓN ESTÁ TRANQUILO. RAFAEL ME QUERÍA. YO LO SABÍA, PERO ÉL ME LO DIJO. GRACIAS, RAFAEL

Me lo dijo..., se lo dije...

La muerte de Rafael, mi esposo, representa una gran tristeza para mí, pero doy gracias al Señor porque pudimos estar juntos por un poco más de 44 años. Rafael fue un excelente esposo. Amable y cariñoso. Siempre sentí que tenía un verdadero compañero que me quería, que era sumamente respetuoso de mis sentimientos. Era honesto y trabajador.

Me conforta que, aunque ya muerto, recibió el homenaje de los cientos de personas que nos acompañaron; de la UASD, que hizo una ceremonia bellísima; del periódico El Caribe y de Cadena de Noticias, que cubrieron su sepelio. Si él hubiera podido contemplar todo esto, su timidez lo hubiera hecho fallecer.

Sé que Rafael está en el cielo, al lado de muchos seres que he querido mucho y que le precedieron en ese viaje del que no se regresa.

Estoy triste, es verdad, pero agradecida porque Rafael fue una más de todas las bendiciones que he recibido durante toda mi vida, la cual ha estado siempre compuesta de cosas hermosas.

En el momento de su deceso, en la clínica a la que logramos llevarlo, yo estaba a su lado, igual que nuestros hijos José Rafael y Yanna. Fue una gran satisfacción que al momento de su fallecimiento estuviera rodeado de los suyos, como él se merecía. Y los cuidados últimos, aun-

236

Rafael, me molesta que no puedas sentarte a leer en la terracita de nuestra habitación.

Rafael, me molesta que la mitad que ocupaste en nuestra cama esté ahora llena con los documentos que tuve que presentar a Impuestos Internos luego de tu muerte.

Rafael, me molesta que no me insistas en que cambie mi celular, que ya está anticuado.

Rafael, me molesta hablar con los abogados porque aún no he asimilado bien que hayas fallecido.

Rafael, me molesta que los esposos de algunas de mis amigas estén vivos.

Rafael, me molesta que haya tenido que encargar una lápida para ti para el cementerio.

Rafael, me molesta que ya no puedas usar el control de la televisión cuando vayas a acostarte dos horas después de yo estar ya dormida.

Rafael, me molesta que no pueda discutir contigo los problemas familiares normales que se presentan todos los días.

Rafael, me molesta que no puedas escuchar bachata junto conmigo.

Rafael, me molesta que no pueda discutir contigo las noticias recientes de la deserción escolar, tema que trabajaste durante tanto tiempo.

---

que inútiles, fueron proporcionados por su médico especial, su médico preferido, su hijo, nuestro hijo, José Rafael.

Entre mi filosofía barata he expresado que en el matrimonio hacen falta tres condiciones, el amor, el respeto y la admiración. Nuestro matrimonio era una sociedad de admiración mutua, lo que hizo crecer el amor y el respeto a medida que nuestra relación matrimonial avanzaba.

Estoy contenta porque sus nietos descubrieron que el abuelo complaciente que ellos conocían, fue merecedor de un respetuoso y solemne homenaje de la Universidad Autónoma por toda una vida dedicada a

YO SIEMPRE PENSÉ QUE RAFAEL ERA EL MEJOR MARIDO DEL MUNDO Y SE LO DIJE

la educación, a la academia. Espero que hayan aprendido que las personas cuyo único aval son su fortuna moral e intelectual son merecedoras de reconocimientos.

Mi amiga Teresa, filósofa, dice que en la vida hay que tener un corazón tranquilo.

Hoy, mi corazón está tranquilo. Rafael me quería. Yo lo sabía, pero él me lo dijo.

Yo siempre pensé que Rafael era el mejor marido del mundo y se lo dije.

Gracias, Señor, por las bendiciones que has dispensado a toda mi vida. Gracias, Rafael.

Naya Despradel es gerente de OGM, Central de Datos de Multimedios del Caribe

Fotos

1948. Schéker Ortiz. Luisiana con lazo

Sin fecha. Despradel Herman. Jefe de la Policía en 1964, 1965

Años 50. Despradel, Evelina Despradel

1958. Despradel, Naya con su papá en graduación de bachiller

1948. Despradel Naya árabe para baile en el Muñoz Rivera.

1954. Naya Despradel. Graduación octavo curso

Sin fecha. Enrique Manuel Valentín. Bueyón. Fue jefe de los cascos blancos de la Policía en 1965. Gobierno del Triunvirato.

Sin fecha. Familia Scéker Jane, Dargam Jane

Sin fecha. Gabriel Schéker

1958. Muñoz Rivera. Estudiantes. Miguelina Thomén. Ivonna Dájer, Marinita Boyrie, Eunice Garrido, Elsa Villanueva, Naya Despradel, Maura Santos.

Sin fecha. Carlos Dore, Consuelo (Chello), Martha Amalia Despradel Roque

Circa 1950. Maddul (Yeyé), Hermanos Despradel Dájer,
Dájer Piñeyro y Schéker Ortiz.

Circa 2011. Naya con su nieto Mario

Circa 1960. Familia Schéker Ortiz

Sin fecha. Salvador Dájer, Machi Dájer Merino; y Luis Schéker en la tumba de Nayib Dájer Schéker.

Sin fecha. Maddul Schéker de Dájer

Sin fecha. Maddul Schéker de Dájer y Miguuelina Dájer

Circa 1950. Chello Despradel Dájer, Ivonna, Miguelina, y Xiomara Dájer
Piñeyro, Naya, Luis Antonio Despradel Dájer, Cucha Piñeyro, Yeyé Schéker, Aíxa
Dajer Dabas (en brazos), Yulia Dabas de Dájer, Francis Dájer Merino, en brazos,
Salvador Dájer, Santiago Dájer, Miguel Dájer, Badía Dájer (escondida), Hulda
Merino de Dájer, en el aeropuerto General Andrews para despedir a Miguel y a
Salvador que viajarían a Spokane, Estados Unidos, a ver el funcionamiento de
una presa.

Sin fecha. José Antonio Schéker (Yito), Gabriel Schéker y María Jane

Circa 1950. Luis Schéker, Ana Ortiz de Schéker, Luisiana Schéker Ortiz

Principios del siglo XX. Hermanas Jane María y Matilde

Circa 1950. Graduación de ingeniería de Carmen Dájer. Salvador Dájer, César Dargam, Rafael David Henríquez.

Circa 1940. Grupo de médicos. Luis Despradel Brache (Nené), arriba en el centro; doctor Heriberto Pieter con traje oscuro.

Años 2000. Despradel Naya, árabe

251

2012. Naya reciente

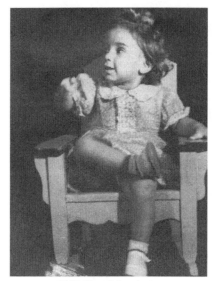

1943 Naya Mecedorita

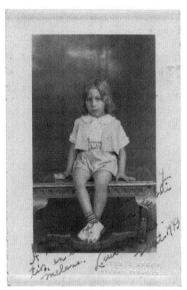

1949. Luisito Schéker con melena

1940 Nené Despradel, mi papá

253

1962. Mi papá y mi abuelo en la Máximo Cabral

1941 Naya frente al carro de mi padrino, Mario Morilllo, uno de los pocos
carros que existían en La Vega.

1955. Xiomara I. Reina infantil Luis Muñoz Rivera

Circa 1950. Miguel Dájer, Luis Schéker, Candito Alma, centro Libanés, Sirio, Palestino.

1990. Rafael y Naya en Miches en bote de Papo Menéndez

195... Ivonna y Miuelina Dájer Piñeyro

1949. Boda de Carmen Dájer Schéker con Álvaro Delgado Conde. Naya detrás, lo que fue un preludio de mi relación con ellos. Me trataron como su hija.

1941. Naya en sillón de caoba

1972. Mis hijos, Yanna y José Raael de Láncer Despradel

1941. Naya con un cubo

Circa 1960. Prima Aíxa Rosa Dájer Dabas

1959. Ivonna Dájer Piñeyro en desfile en la Feria Ganadera

1946. Recuerdo de mi bautizo

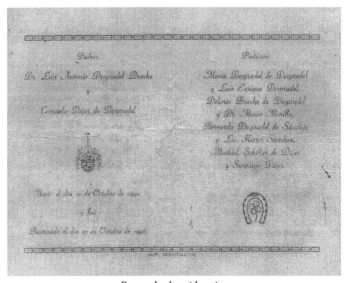

Recuerdo de mi bautizo

Familia Despradel Brache

1960. Consuelo Dájer de Despradel, mi mamá

Herman Despradel Brache en el ejército

1945. Naya, Reina de la flores. Colegio San Rafael, San Cristóbal

Mi papá en Cursillo de cristiandad, Manresa, con el padre Posadas

Colegio Luis Muñoz Rivera
22 Aniversario

S. M. *XIOMARA* Ira.
Reina Juvenil de Aniversario

*En uso de las atribuciones que me confiere la Constitución de mi Reino,
me complazco en nombrar a*

Naya Despradel Dájer
Dama de mi Compañía

*Dado en mi Palacio Real el vigésimo día del mes Aniversario
del año mil novecientos cincuenta y cuatro.*

Yo, la Reina

1954. Naya Dama de compañía de Su Majestad, Xiomara I

1945. Luisiana Scheker como árabe

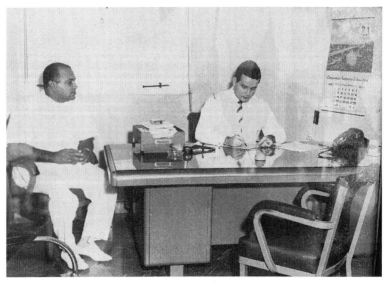

Circa 1959. Mi papa, doctor Luis Despradel, sub director Hospital Gautier y el doctor Horacio Ornes Arzeno, director.

Mi esposo, Rafael de Láncer, vicerrector de la UASD.

Mi mamá Consuelo, mi esposo Rafael de Láncer, mi hermana Consuelo (Chello) y Rafael Oriz (Capul), esposo de mi hermana.

Árbol genealógico familia Dájer

1949. Carmen Dájer de Delgado y su esposo Alvaro; la tía Badía Dájer; las primas Dájer Piñeyro y los hermanos Despradel Dájer.

1950. Primera fila. Manuel Delgado, Ángela Piñeyro de Dájer (Tía Cucha). Detrás tía Yulia Dabas de Dájer; Maddul (abuela Yeyé) Scheker de Dájer; tía Hulda Merino de Dájer; detrás, María Teresa Conde de Rodríguez y Emilio Rodríguez.

Luis Despradel Brache, mi papá

Circa 1978. Mi suegra, Manena de Láncer, Helena Lepine, esposa de Víctor Hugo de Láncer; mi hijo, José Rafael ded Láncer; yo; Víctor Hugo de Láncer.

Hermanos Dájer Scheker, Conuelo (mi mamá), y los tíos Miguel, Darmen y Salvador

Aproximadamente 2018, Mi hermana Consuelo (Chello) y yo

Yo en OGM

Cumpleaños de los Blonda Fondeur; hermanos de Láncer Despradel; hermanos Garrigó Leffeldt y niños del Ensanche Julieta.

1945. Yo, Reina de las Flores, colegio San Rafael (San Cristóbal)

1958. Mi graduación de bachiller

Circa 2015. Josefina de Blonda y su hija Claudis. Mi hija Yanna y yo

1958, 4to año bachillerato Luis Muñoz Rivera

1950. Sèptimo curso del Muñoz Rivera (Naya la número 2)

Circa 2020. Frank Moya y yo

1975. Primos Dájer Varela, Vilain y Menéndez Dájer y de Láncer Despradel